Die Anklagen

gegen die

Goldwährung

und die

„Vorzüge“ des Bimetallismus.

Von

Victor Leo,
Gerichtsassessor.

Berlin 1900.

J. Guttentag, Verlagsbuchhandlung,
G. m. b. H.

Inhaltsübersicht.

I.

Die Anklagen gegen die Goldwährung.

Im Juli 1899 veröffentlichte die Commission, welche von der englischen Regierung zur Prüfung der indischen Währungsverhältnisse eingesetzt war, einen Bericht,[1]) in welchem sie als die für Indien erforderlichen Schritte auf dem Gebiet der Währung bezeichnete: die alsbaldige Freigabe der Goldprägung und die Erklärung des Sovereigns zum gesetzlichen Zahlungsmittel unter einstweiliger Beibehaltung des vorhandenen Silberumlaufs mit gesetzlicher Zahlkraft für jeden Betrag. Das ist mit andern Worten: die hinkende Goldwährung.

Die indische Regierung trat diesen Vorschlägen ihrer Commission bei, und die englische Regierung hat darauf die Durchführung derselben genehmigt. Nach der neuesten Notiz betrug am 17. November 1899 das in Indien im Staatsschatz gehaltene Gold bereits etwa 4 Millionen Pfd. Sterl. und der auf Grund der neuesten Verordnungen angelegte indische Goldreservefonds bei der Bank von England bereits 801 000 Pfd. Sterl.[2])

Wir ständen also unmittelbar vor der Einführung der Goldwährung in Indien, das heisst vor einem Ereigniss,

---

[1]) Report of the Committee appointed to inquire the Indian Currency. 1899.

[2]) cfr. auch: „Ear-Marking Gold for India“ in „The Bankers Magazine“ 1899, pag. 733, 734.

das noch vor wenigen Jahren selbst den überzeugtesten Anhängern der Goldwährung ausgeschlossen oder aber äusserst bedenklich erschien, und das den Bimetallisten gleichbedeutend war mit dem Zusammenbruch der Goldwährung.

Der gegenwärtige Moment ist daher vielleicht besonders geeignet zu einer Nachprüfung der bimetallistischen Anklagen gegen die Goldwährung. Denn haben diese Anklagen und die Theorien, auf denen sie beruhen, Recht, dann stehen wir in der That vor der Katastrophe.

Die folgende Untersuchung soll, auf Grund des neuesten verfügbaren Zahlenmaterials, den Beweis erbringen, dass diese bimetallistischen Anklagen in ihren Grundlagen falsch und in ihrer Ausführung übertrieben sind. Daraus wird sich dann auch die Prognose für die Zukunft der Goldwährung ergeben.

1. Die Anklage der Goldwerthsteigerung.

Als Grundlage der Untersuchung möchte ich die Erklärung wählen, welche die bimetallistischen Vertreter in der deutschen Silbercommission im Jahre 1894 in der No. 25 der Drucksachen dieser Commission abgegeben haben, — gewissermassen ein bimetallistisches Glaubensbekenntniss —, weil darin — unter der Autorität der ersten bimetallistischen Führer — die Gesammtheit der behaupteten Schädigungen durch die Goldwährung in kondensirter Form enthalten ist.[1])

Die Erklärung der Bimetallisten stellt sub I die Behauptung auf, dass die Kaufkraft des Goldes den Waaren gegenüber seit der Verallgemeinerung der Goldwährung und in Folge derselben (1873) gestiegen ist, heute noch steigt und fortfahren muss zu steigen.

---

[1]) Die Erklärung ist unterzeichnet von: Dr. Arendt, v. Kardorff-Wabnitz, Leuschner, v. Schalscha, Wülfing und mit einem Vorbehalt von Neustadt.

Sub II werden unter 13 Nummern die wirthschaftlichen Uebelstände aufgezählt, welche die „durch die Aechtung des Silbers und durch die Goldwährung hervorgerufene Steigerung der Kaufkraft des Goldes erwiesenermassen hervorgerufen hat".

Das Fundament der Anklagen ist also die Goldwerthsteigerung als Folge der Verallgemeinerung der Goldwährung, die „Contraction", die zum Ausdruck kommt in dem angeblich allgemeinen Sinken der Preise aller Güter.[1])

Der Vorwurf der Contraction erscheint auf den ersten Blick freilich wunderbar Angesichts einer Steigerung der Goldproduktion, wie die Mitwelt sie zur Zeit mit Staunen erlebt, und wie man sie noch vor 10 Jahren für undenkbar gehalten hätte. Aber immerhin ist die Möglichkeit nicht zu bestreiten, dass auch dieses ins Riesenhafte gesteigerte Goldangebot der vermehrten Goldnachfrage nicht zu entsprechen vermöchte.

Denn auch die Goldnachfrage hat sich ausserordentlich gehoben. Oesterreich, Chile, Japan, Russland sind nacheinander zur Goldwährung übergegangen. Indien steht im Begriff es zu thun. Wir stehen also inmitten einer Bewegung auf Ausdehnung der Goldwährung und damit der Goldnachfrage im grössten Massstabe.

Hat nun dieser Goldnachfrage das Angebot bisher genügt?

Ich glaube sagen zu dürfen, der Gang der Ereignisse spricht bisher für die Auffassung der Anhänger der Goldwährung.

Wie schon eben erwähnt: Oesterreich, Russland, Japan und Chile sind in den letzten Jahren zur Goldwährung übergegangen — wenn auch nicht alle erfolgreich. Diese Länder haben demzufolge grosse Goldbestände an sich gezogen, ohne dass für Europa eine Krise irgend welcher

---

[1]) Lotz, Die Ergebnisse der deutschen Silberenquete. (Schmollers Jahrbuch 1895 pag. 1294 ff.)

Art eingetreten wäre. Im Gegentheil: diese Jahre sind Jahre grosser Industrieblüthe gewesen und die letzten Jahre (seit 1897) haben sogar auf allen Gebieten stark steigende Preise aufgewiesen.

Wie kommt das? — Lägen die Dinge wirklich so, wie es bimetallistischerseits dargestellt wird, dass für eine Goldwerthsteigerung in Goldwährungsländern lediglich die Höhe des Goldvorraths und ihr Verhältniss zur Summe aller Zahlungen massgebend wäre, dann freilich wäre sehr leicht die Gefahr der Contraction gegeben. Aber so liegen die Dinge nicht.[1]) Auch in den Goldwährungsländern ist der Goldbestand nur ein Factor und nur ein kleiner Factor im gesammten Zahlungsverkehr der Volkswirthschaft. Die grossen Zahlungen des Handels und der Industrie werden fast ohne Metall lediglich durch Verrechnung erledigt. Ausserdem circuliren, abgesehen von England, in den Ländern mit thatsächlicher Goldwährung, wie Deutschland, Amerika und Frankreich (wenn es auch gesetzlich nicht Goldwährung hat) grosse Silberbeträge völlig unabhängig vom Silberpreis ohne Disagio zu ihrem Nominalgoldwerth und versehen alle Functionen des Goldes im Zahlungsverkehr. Und schliesslich kommen noch hinzu die Banknoten, vor allem die ungedeckten Banknoten, welche der Währung gegenüber plötzlicher Ausdehnung des Goldbedarfs erst die nöthige Elasticität verleihen.[2]) Eine Goldwerthsteigerung, — die sich als ein allgemeines Fallen der Preise kund zu thun hätte —, hängt daher auch in den Goldwährungsländern von allen diesen Factoren und nicht von dem Goldbestand allein ab. Sie kann nur eintreten, wenn, trotz der grossartigen Zahlungstechnik der modernen Staaten, Gold, Silber und ungedeckte Banknoten zusammen den Bedürfnissen des Verkehrs nicht gerecht

---

[1]) Lotz, l. c. 1301—1303.

[2]) Lexis, Drucksachen der Silbercommission Nr. 26 pag. 5 Abs. 5; ders. Der gegenwärtige Stand der Währungsfrage pag. 14; ders., „Geldwerth und Quantitätstheorie" in der „Zukunft" vom 18. Mai 1895. — Heyn, Kritik des Bimetallismus, 1897, pag. 93 ff.

werden können. Dass das bisher der Fall gewesen, wird selbst von bimetallistischer Seite nicht behauptet.

Die Anklage der Goldwerthsteigerung ist nun noch im vorigen Jahre wiederholt worden von Wilmanns in einer Schrift „Die Goldwährung zu Anfang 1898“.[1])

Was ich oben principiell ausführte gilt auch gegen ihn. Wilmanns versucht jedoch auch den Nachweis der Goldknappheit und Goldwerthsteigerung aus der Lage der deutschen Reichsbank zu erbringen. Prüfen wir seine diesbezüglichen Argumente.

Wilmanns legt dar, dass eine Anhäufung von Gold nicht stattgefunden habe, dass, im Gegentheil, der Metallbestand im Verhältniss zu den jederzeit fälligen Verbindlichkeiten, Banknoten und Girogeldern abgenommen habe.

Die reine Golddeckung aller täglichen Verbindlichkeiten habe betragen am

31. December 1896	nur . .	31,24 Procent
30. September 1897	„ . .	28,53 „
31. December 1897	„ . .	31,69 „

Dass speciell die Reichsbank — auf die Banken anderer Länder hat Wilmanns sich gehütet zu recurriren — nicht im Golde schwimmt, ist ohne Weiteres anzuerkennen.

Es ist ja auch ganz selbstverständlich, dass bei dem kolossalen, alle Voraussicht übersteigenden Aufschwung der Industrie seit Mitte 1895 mit seinen ungeheuren Ansprüchen an Credit die Deckung der Reichsbank nicht auf der Höhe des Stagnationsjahrs 1894 bleiben konnte.

Aber das ist auch alles, was zuzugeben ist.

Von einer Contraction zu reden Angesichts einer reinen Golddeckung der Noten von

1893	53,5 Procent
1894	62,0 „
1895	64,3 „
1896	55,6 „
1897	54,5 „

ist ein Unding,[2]) ebensowenig wie eine 30procentige reine

---

[1]) Wilmanns, l. c. pag. 22.

[2]) cfr. Helfferich, Beiträge pag. 470.

Golddeckung aller täglichen Verbindlichkeiten irgend etwas für Contraction beweist.

Wilmanns hat sich für seine Argumentation die Ultimotage der Quartale ausgesucht, also diejenigen Tage, an denen bekanntlich vorübergehend die stärkste Anspannung stattfindet. Die durchschnittliche Golddeckung aller Verbindlichkeiten ist weit höher. Aber selbst wenn die Zahlen der Reichsbank schlechter wären als sie sind, — was bewiesen sie dann für ein Fallen der Preise aus Goldknappheit? Die Preise sind doch nicht allein in Deutschland gesunken, sondern ebenso in England und Frankreich, deren Bankstatus unangreifbar ist. Es handelt sich doch nicht um lokale Preisabschläge, sondern um ein Sinken der Welthandelspreise. Was soll da der Status der Reichsbank für eine Contraction beweisen? Man könnte aus ihm vielleicht Schlüsse auf die deutsche Discontpolitik ziehen, aber die Goldvertheuerung, also die Steigerung des Goldwerths in der gesammten Welt kann durch den Reichsbankstatus niemals erwiesen werden.

Ich will es aber doch nicht unterlassen, das Wilmannssche Bild durch einige Zahlen zu vervollständigen, die er nicht mitgetheilt hat; vielleicht, dass es seinen Charakter dann etwas ändert.

I. Goldproduction der Welt 1893—1898.

	in kg
1893	236 974
1894	273 197
1895	299 072
1896	304 966
1897	357 364
1898	438 000 (?)

Anmerkung: Die Zahlen für die Jahre 1893—1897 sind dem amerikanischen Report entnommen, für 1898 dem französischen, da der amerikanische Report von 1899 noch nicht erschienen ist. Nach dem Engineering and Mining Journal stellt sich die Production für 1899 um etwa 5 200 000 Pfd. Sterl. höher als die von 1898, was einen weiteren Zuwachs von etwa 36 000 kg bedeuten würde.

II. Die sichtbaren Goldvorräthe[1]) 1873—1898.

	in 1 000 Dollars		pro Kopf der Bevölkerung in Dollars	
	1873	1898	1873	1898
Frankreich	450 000	810 600	12,47	21,06
Vereinigte Staaten	135 000	925 100	3,24	12,42
Deutschland	160 000	668 500	3,91	12,78
England	160 000	438 000	5,3	11,01
Russland	149 100	756 600	1,81	5,88

III. Die Goldbestände der Hauptbanken.[2])

	in Millionen Francs		
	31. Dec. 1896	31. Dec. 1897	31. Dec. 1898
Bank von Frankreich	1 912,0	1 945,5	1 818,4
Russ. Reichsbank	2 392,7	3 095,5	2 644,0
Bank von England	855,0	762,5	732,5
Deutsche Reichsbank	664,2	710,1	630,9

IV. Goldbestand der Bank[3]) von Frankreich im Maximum und Minimum.

a) von 1863—1873			b) von 1887—1898		
	in Millionen Francs			in Millionen Francs	
	Maximum	Minimum		Maximum	Minimum
1863	137,1	62,7	1887	1 244,9	1 120,4
1864	273,3	89,6	1888	1 136,0	1 014,3
1865	391,2	215,9	1889	1 335,0	998,4
1866	659,1	272,9	1890	1 320,9	1 114,2
1867	727,7	510,9	1891	1 377,1	1 118,6
1868	877,1	622,4	1892	1 708,3	1 336,2
1869	730,7	588,1	1893	1 720,9	1 537,2
1870	739,3	433,7	1894	2 061,5	1 695,5
1871	592,6	359,9	1895	2 152,1	1 946,2
1872	657,9	551,6	1896	2 077,8	1 926,5
1873	691,2	560,2	1897	2 037,9	1 904,0
			1898	1 959,5	1 819,5

1) Report of the Direktor of the Mint. 1898. — Die Zahlen für die Vereinigten Staaten beziehen sich auf den 1. November 1898, die übrigen Zahlen auf den 1. Januar 1898.

2) Foville, Rapport 1899 pag. 90, pag. 86—89.

3) Foville, Rapport 1899 pag. 90, pag. 86—89.

		kg
V. Goldproduction 1898	ca.	438 000
Industrieller Goldverbrauch 1898	„	89 000
Danach bleiben zur monetären Verwendung 1898	ca.	349 000
Es blieben zur monetären Verwendung 1883	„	52 000

VI. Die Goldprägungen aller Länder 1887—1898.[1])

	in Millionen Francs		in Millionen Francs
1887	647	1893	1 203
1888	698	1894	1 180
1889	875	1895	1 196
1890	772	1896	1 020
1891	619	1897	2 188 [2])
1892	893	1898	2 185

VII. Durchschnittlicher Discont der Deutschen Reichsbank 1887—1898.

	Procent		Procent
1887	3,41	1893	4,17
1888	3,32	1894	3,12
1889	3,68	1895	3,14
1890	4,52	1896	3,66
1891	3,78	1897	3,87
1892	3,20	1898	4,27

Ueberblickt man die vorstehenden Zahlen in ihrer Gesammtheit, so geben sie denn doch ein recht eigenartiges Bild der bisherigen Goldknappheit.

Wenn nun heute wieder mit einem gewissen Schein von Recht die Höhe der Discontsätze als Argument für das Bestehen einer Goldknappheit verwerthet wird, so ist ja allerdings zuzugeben, dass wir seit 1896, zusammentreffend mit einem Aufschwung der Industrie, höhere Discontsätze zu verzeichnen haben. Der durchschnittliche Discont des Jahres 1899 dürfte sich auf über 5 Procent stellen[3]) und im December 1899 hat der Discontsatz der

[1]) Foville, Rapport 1899. XXIV.

[2]) Schätzung der französischen Münze, nach Angabe der Londoner Münze nur 1 867 Mill. Francs. — Die Ziffer für 1897 erklärt sich daraus, dass Russland im Jahre 1897 aus seinen Beständen geprägt hat, und zwar im Werthe von 882 Millionen Francs in Gold.

[3]) auf 5,12.

deutschen Reichsbank mit 7 Procent sogar zum ersten Male das bis dahin vorgekommene Maximum von 6 Procent überschritten.

Ein solcher Discontsatz ist unleugbar hoch, aber die nähere Betrachtung ergiebt, dass es im Wesentlichen nicht Goldmangel ist, der diese Höhe des Disconts verursachte, obgleich grade jetzt Indien behufs Einführung der Goldwährung grosse Goldbeträge an sich zieht und der englische Krieg einerseits die Zufuhr des Transvaalgoldes unterbunden, andrerseits in London eine starke Goldnachfrage für Afrika geschaffen hat. Die Ursachen des höheren Disconts seit 3 Jahren sind vielmehr zu suchen in den ungeheuren Ansprüchen an Leihkapital, welche der rapide Aufschwung der Industrie in Deutschland, Amerika und Russland hervorgerufen hat. Und die abnormen Sätze der letzten Monate erklären sich zumeist aus der Depression, welche die unerwartete Wendung des Transvaalkrieges bei einem bereits stark gespannten Geldmarkte hervorrufen musste. Hätte — um das zu erläutern — England den Transvaalkrieg bisher mit Erfolg geführt, wir hätten wahrscheinlich eine Hausse und verhältnissmässig niedrigen Discont. Ebenso ist Jedermann überzeugt, dass auch heute noch ein englischer Sieg sofort die Lage der Banken erleichtern würde. Weshalb? Weil das Vertrauen auf baldige Erledigung der gegenwärtigen Schwierigkeiten sich heben würde. Nicht aber, weil plötzlich mehr Geld vorhanden wäre. Es spielen also bei der Höhe des Disconts psychologische Factoren mit.

Uebrigens hat auch die Zeit vor 1873, die Zeit der preussischen Silberwährung und der französischen Doppelwährung Discontsätze von 7 Procent und darüber gekannt. 1857 war der höchste Discont bei der preussischen Bank $7^1/_2$ Procent, 1858 $6^1/_2$ Procent, 1864 7 Procent, 1865 7 Procent, 1866 9 Procent, 1870 8 Procent, 1873 7 Procent. Und damals in der Zeit der californischen Goldproduction, als Michel Chevalier die Entwerthung des Goldes befürchtete, konnte doch von Goldknappheit keine Rede sein. Bewegte Zeiten und rapide Entwicklung der Volkswirthschaft werden eben stets die Nachfrage nach Kapital und damit den Leihsatz des Kapitals steigern. Hoher Discont ist eben kein Zeichen des Niedergangs einer Volkswirthschaft, vielmehr oft ein Zeichen zu stürmischer Entwicklung, wie momentan in Deutschland, ebenso wie zu niedriger Discont oft nur ein Zeichen der Stagnation ist, wie heute in Frankreich. Bei internationaler Doppelwährung würden wir — alle heute wirkenden Factoren vorausgesetzt, also: unglücklicher Krieg Englands, rapide Produktionssteigerung in Deutschland, Amerika und Russland, Ausbleiben des Transvaalgoldes und verstärkte Goldnachfrage für Afrika — voraussichtlich dieselbe Höhe der Discontsätze erleben wie heute.[1])

Doch zurück zu der Wilmannsschen Beweisführung der Goldknappheit. Wilmanns weist darauf hin, dass die procentuale Zunahme der sichtbaren Goldvorräthe der Welt immer geringer würde. Die gesammte vorhandene Goldmenge bilde aber das Angebot, die gesammten Bedürfnisse bildeten die Nachfrage. Es käme daher weniger die einzelne Jahresproduction in Betracht, sondern die Frage sei zu betrachten unter dem Gesichtspunkt, wie sich in Procenten die Zunahme zum Gesammtvorrath stelle.[2])

Wilmanns giebt folgende Tabelle:

Zunahme der sichtbaren Goldbestände in Millionen Mark:

1850—1860	von	3 348	auf	7 904	=	136,0	Procent
1860—1870	„	7 904	„	10 716	=	35,6	„
1870—1880	„	10 716	„	12 767	=	19,0	„
1885—1895	„	13 364	„	16 000	=	20,0	„

Ich will die Richtigkeit der Zahlen nicht bestreiten, nur darauf hinweisen, dass 1890—1900 bereits ein wesentlich anderes Ergebniss liefern wird. Sodann aber ist es ganz klar, dass für die Frage der Goldknappheit diese Methode nothwendig ein falsches Bild geben muss. Wenn zu 100

---

[1]) Inzwischen ist der Discont der Reichsbank bereits wieder auf $5^1/_2$ %, bei der Bank von Frankreich auf $3^1/_2$ %, bei der Bank von England auf 4 % herabgegangen.

[2]) Wilmanns, l. c. pag. 32.

zehn hinzukommen sind das 10 Procent, treten sie zu 1000 ist es 1 Procent. Es ist deshalb selbstverständlich, dass, je grösser der Goldvorrath ist, um so kleiner mit der Zeit die procentuale Zunahme werden muss. Bei einem „stock“ von 50 Milliarden würde eine jährliche Zunahme selbst von 2 Milliarden jährlich nur 4 Procent ergeben. Es ist nur nicht abzusehen, was damit bewiesen werden soll. Für die Frage, ob das vorhandene Gold ausreicht, können doch nur die absoluten Zahlen in Betracht kommen: so gross ist die Nachfrage, so gross der Goldvorrath. Die Procentualberechnung des Zuwachses ist ein Verlegenheitsmittelchen, das die Thatsachen der ungeheuren Goldvermehrung verdecken soll.

Wie steht es nun aber mit der Gegenprobe, der Bewegung der Waarenpreise?[1]

Ich sehe einmal ab von den speciellen, oft genannten Gründen, die sich für das Fallen der meisten Waarenpreise bei näherer Untersuchung ergeben, wie Verbesserungen der Technik, Verbilligung des Rohmaterials, der Transportmittel, von der Verschärfung der internationalen Concurrenz in den letzten Jahrzehnten. Ich beschränke mich nur auf Folgendes hinzuweisen.

Goldwerthsteigerung bezw. Silberentwerthung würde identisch sein mit einem gleichmässigen Fallen aller Preise im Verhältniss zum Goldpreis, bezw. einem Steigen aller Preise im Verhältniss zum Silberpreis.

Biedermann[2]) hat in seiner „Statistik der Edelmetalle“ die Sauerbeckschen Indexziffern der Waarenpreise und des Silberpreises — auf Grundlage des constanten Werthmessers Gold — und ebenso die Indexziffern der Waarenpreise und des Goldpreises — auf Grundlage des constanten Werthmessers Silber be-

---

[1]) Lotz, l. c. 1296 ff.

[2]) Biedermann, Die Statistik der Edelmetalle, 1898, cfr. die Tabelle im Anhang. Die Indexziffern werden bekanntlich dadurch gewonnen, dass der Durchschnittspreis eines Handelsartikels für eine Gruppe von Jahren gleich 100 gesetzt und darnach aus den Preisen der übrigen Einzeljahre der entsprechende Procentwerth abgeleitet wird.

rechnet — zusammengestellt. Wäre der Fall der Waarenpreise lediglich die Folge der Goldwerthsteigerung, so müsste die Bewegung der Waarenpreisziffer und die Bewegung der Edelmetall-Ziffern congruiren. Gold als Werthmesser genommen müsste die Indexziffer der Waarenpreise und des Silberpreises in gleichem Verhältnisse fallen. Silber als Werthmesser genommen die Indexziffer der Waarenpreise und des Goldpreises in gleichem Verhältnisse steigen.

Das ist nicht der Fall. So lange die Entwerthung des Silbers verhältnissmässig gering war, etwa bis 1890, zeigt sich, Gold als Werthmesser genommen, wenigstens eine annähernde Congruenz der Bewegung der Indexziffern. Seitdem — theils in Folge gesetzgeberischer Eingriffe — theils in Folge der noch immer weiter steigenden Silberproduction,[1]) — der Silberpreis dauernd gesunken ist, hat jede Congruenz zwischen den Indexziffern der Waarenpreise und des Silberpreises aufgehört.

Niemals bestanden aber hat sie, wenn man, wie die Bimetallisten wollen, Silber als unveränderten Werthmesser zu Grunde legt. Gold ist dann im Jahre 1895, — Silber = 100 gesetzt —, auf 204 gestiegen, wogegen die Indexziffer aller 45 Sauerbeckschen Artikel = 126 ist.

Daraus ergiebt sich, dass der Preisfall der Waaren nicht der congruente Ausdruck einer Goldwerthsteigerung sein kann, sondern sich überwiegend auf andere, in jedem einzelnen Fall besonders festzustellende Gründe zurückführen lassen muss. Wäre es anders, dann müsste der Preisfall der Waaren ein 4fach stärkerer sein.

Der Nachweis, dass bisher eine Goldwerthsteigerung in den Goldwährungsländern stattgefunden hat, ist danach meines Erachtens Wilmanns ebensowenig gelungen wie seinen zahlreichen Vorgängern.[2])

Wie liegt die Sache aber für die Zukunft? Indiens Bedarf wird ausschlaggebend sein.

[1]) Die Silberproduction ist seit 1894 (dem Jahr, aus welchem die bimetallistische Erklärung datirt) von 5 121 017 kg auf 5 909 000 kg gestiegen. (Foville, Rapport 1889 pag. 339.)

[2]) cfr. besonders noch Anhang III dieser Schrift, No. II.

Bisher könnte es scheinen, als ob die Erfahrungen mit der neuesten Goldwährungsbewegung Bedenken für die Zukunft nicht ausschlössen. Oesterreich hat seine Währungsänderung noch immer nicht vollenden können, Chile ist wieder in die Papierwirthschaft gerathen, und Japan[1]) hat soeben eine Wirthschaftskrisis durchgemacht, die zwar nicht durch seine Goldwährung verursacht war, ihr aber leicht hätte gefährlich werden können. Und auch für Indien ist die Sachlage nicht über allen Zweifel erhaben; in England wenigstens begegnet die bisherige Währungspolitik fast durchweg einer scharfen Kritik auch von sonst goldwährungsfreundlicher Seite. Sicher ist, dass das Land unter dem bisherigen Uebergangszustand, in welchem weder Silber noch Gold frei geprägt wurde, durch Restriction des Geldumlaufs sehr gelitten hat, eine Restriction, die noch verschärft wurde durch allerlei Ereignisse, die einen verstärkten Geldbedarf schufen, wie Krieg, Hungersnoth, Erdbeben und Pest. Der niedrigste Diskontsatz bei der Bank von Bombay war für lange Zeit 13 %. Zeitweilig war zu keinem Satze Geld zu haben.

Es kam hinzu, dass die englischen Capitalisten, sobald der Curs der Rupie in die Nähe von 16 d stieg, anfingen, ihre Capitalien aus Indien zurückzuziehen, weil 16 d der Maximalkurs war, zu dem sie rechnen durften, ihre Capitalien zurückzuerhalten, die Befürchtung eines Rückgangs des Curses aber keineswegs ausgeschlossen war.

Die indische Regierung befand sich freilich in einer sehr precären Lage. Die reine Silberwährung in Indien liess sich nicht halten; internationale Doppelwährung war im Jahre 1893 nicht zu erreichen, deshalb schloss Indien seine Münze für die freie Silberprägung. Wohl zu riscant für Indien waren die Vorschläge der amerikanischen Regierung im Jahre 1897 auf Wiedereröffnung der indischen

[1]) Der Export von Japan betrug im Jahre 1894 164 135 077 Yen, der Import 219 165 694 Yen, und dasselbe Verhältniss ergiebt sich für 1898. Für 1898 ist wohl noch hinzugekommen, dass der Import vielfach forcirt wurde, weil am 1. Januar 1899 in Japan ein neuerer höherer Zolltarif eintreten sollte. Im Jahre 1899 scheint eine leichte Besserung eingetreten.

Münze bei gleichzeitiger freier Prägung von Silber in Frankreich und Amerika. Der gegenwärtige Uebergangszustand ist unerträglich, so musste und wollte die indische Regierung auf irgend eine Weise ein Ende machen.

Die ersten Vorschläge der indischen Regierung befürworteten die Aufnahme einer Goldanleihe von 20 000 000 Pfd. Sterl. in England, wovon 5 000 000 Pfd. Sterl. gleich nach Indien überführt und von der indischen Regierung in Reserve gehalten, dagegen ein entsprechender Betrag von Silberrupien aus dem Verkehr gezogen werden sollte. Dass sie sehr geschickt waren, lässt sich nicht behaupten. Die vorgeschlagene Rückziehung von Silberrupien hätte die gegenwärtige Restriction des Umlaufs noch empfindlich verstärken müssen. Aber auch die Vorschläge der Commission, denen die Regierung jetzt beigetreten ist, sind nur mit Skepsis aufzunehmen. Ob die Goldwährung sich wird aufrecht halten lassen, hängt ganz und gar von der Gestaltung der Indischen Handelsbilanz, mithin von der Entwicklung des indischen Exports ab und von der Geschicklichkeit, mit welcher die nothwendigen Operationen ausgeführt werden werden. Die Verhältnisse liegen in Indien besonders schwierig, weil Indiens Exportindustrien fast durchweg Saisonindustrien sind, Indiens Forderungen sich daher auf einen Theil des Jahres zusammendrängen, wogegen seine Zahlungen während des ganzen Jahres zu leisten sind. Das indische Schatzamt wird daher dauernd grosse Goldreserven halten müssen.[1])

Trotz aller Bedenken hat die englische Regierung den Vorschlägen der indischen Währungscommission, nachdem die indische Regierung ihnen beigetreten ist, stattgegeben, so dass wir also mit der Thatsache der Einführung der Goldwährung in Indien in nächster Zukunft zu rechnen haben.[2])

---

[1]) cfr. India's Currency problem. A paper read by Lord Rothschild before the Indian currency committee on July 25. 1898, mitgetheilt im amerikanischen Report pag. 382 ff.

[2]) cfr. „Two Currency experiences — India and Argentina" (von Lawson) in „The Bankers Magazine" 1899 pag. 687 ff.

Um ein Urtheil darüber zu gewinnen, welche Wirkung dies auf Europa haben wird, ist es nothwendig, sich die gegenwärtigen Geldverhältnisse Indiens und seinen Stand in der internationalen Geldbewegung zu vergegenwärtigen.

Der Curs der Rupie hat sich 1898/99 über das Niveau gehoben, das im Gesetz vom 26. Juni 1893 vorgesehen war, nämlich über 16 d,[1]) während der Silberwerth der Rupie gegenwärtig etwa 10 d ist. Das Ziel des damaligen Gesetzes, den Curs der Rupie in Höhe von 16 d zu stabilisiren und die Rupie vom Silberpreis unabhängig zu machen, erschiene somit erreicht. Freilich kann es zweifelhaft sein, ob dieser hohe Curs nicht ein künstlich geschraubter ist, erlangt auf Kosten der geschilderten Restriction des Umlaufs.

Jedenfalls zeigt sich die Wirkung des hohen Curses der Rupie bereits in der Gestaltung der indischen Finanzen.

Während das Jahr 1897/98 — freilich in Folge von Hungersnoth, Pest und Erdbeben — noch ein Deficit von 53 592 110 Rupien aufwies, ist für 98/99 ein Ueberschuss von 49 594 000 Rupien erzielt worden und der Voranschlag für 1899/1900 erwartet einen Ueberschuss von 39 326 000 Rupien. Der Grund für diese Besserung liegt fast ausschliesslich in der günstigen Gestaltung des Wechselcurses.

Die Goldbewegung hat sich bisher für Indien sehr günstig gestellt. Es zeigen sich bereits die Wirkungen der Währungspolitik von 1893, die zum vollen Ausdruck freilich erst im Wirthschaftsjahr 1899/1900 kommen werden. Für 1898/99 hat sich der Nettoüberschuss der Goldeinfuhr in Indien auf 60 034 080 Rupien[2]) gestellt, eine Ziffer, die überschritten worden ist nur in der Zeit 1862—65 während des Krieges in Amerika gegen die Südstaaten.

Die Gestaltung des (Netto-) Silberimports in Indien seit 1893 ist sehr überraschend gewesen. Nachdem er erst

---

[1]) Augenblicklich (December 1899) ist der Curs der Rupie etwa $16^{5}/_{32}$ d.

[2]) Foville, Rapport 1899 pag. 251—252.

1895 — also 2 Jahre nach Schluss der Münze — heruntergegangen war auf etwa 63 Millionen Rupien, stieg er 1897/98 auf etwa 84 Millionen Rupien, um dann im Jahre 1898/99 auf den Tiefstand von etwa 39,8 Millionen Rupien zu sinken.

Wie die Edelmetallbewegung sich nun nach Einführung der Goldwährung stellen wird, ist naturgemäss sehr ungewiss. Lexis schätzte, dass ein baldiges Anwachsen der definitiven Goldeinfuhr auf 120—150 Millionen Mark bald stattfinden würde.

So unsicher nun jedes Urtheil über die zukünftige Wirkung auf Europa einer derartigen Goldnachfrage auch ist, bin ich doch der Ansicht, dass der Gang der Ereignisse die bimetallistische Theorie von der Goldwerthsteigerung auch diesmal widerlegen wird. Wenn seitens der indischen und englischen Regierung mit einiger Geschicklichkeit und Rücksichtnahme auf die Lage des Geldmarktes vorgegangen wird, der momentan unter dem Druck der Kriegsereignisse und einer Ueberspeculation sehr empfindlich ist, wird die grosse Elasticität der Währungssysteme der grossen Handelsnationen und die grossartige Technik ihres Credit- und Zahlungswesens im Stande sein, alle Contractionserscheinungen hintenanzuhalten.

Selbst wenn der Netto-Goldexport nach Indien in den nächsten Jahren 150 Millionen Mark und mehr betragen sollte, glaube ich, dass bei der rapid steigenden Goldproduction die prophezeiten üblen Folgen ausbleiben werden. Möglich, dass wir eine längere Aera etwas höheren Disconts erleben werden, — eigentlich befinden wir uns bereits in ihr — eine Aera sinkender Preise wegen Contraction ist, glaube ich, nicht zu befürchten. Worauf ich übrigens vor allem aufmerksam machen möchte: bisher ist das Gold, das nach Indien ging, der abendländischen Circulation fast im ganzen Betrage definitiv verloren gewesen. Es ist thesaurirt oder verarbeitet worden. Mit der Einführung der Goldwährung muss sich das ändern; die Goldbewegung Indiens wird dann unter dieselben wirthschaftlichen Gesetze treten, wie die der übrigen Staaten, das nach Indien exportirte Gold wird nicht mehr definitiv für die abendländische Circulation verloren sein, sondern, je nach dem Stand des Wechselcurses, wird Gold ab- und zufliessen.

Sodann kommt ein ferneres wesentliches Moment hinzu. Russland hat die Einführung seiner Goldwährung beendigt. Es wird, falls nicht unvorhergesehene Ereignisse eintreten, hinfort nicht mehr unabhängig vom Wechselcurse Gold an sich ziehen, sondern nur noch bei günstigem Stande des Wechselcurses. Dieser Goldabfluss nach Russland ist in den letzten Jahren, wie die nachstehende kleine Tabelle zeigt, sehr bedeutend gewesen. Russlands Importüberschuss in Gold betrug in den Jahren 1891—97:[1])

	Dollars		Dollars
1891 . .	55 342 691	1895 . .	19 301 163
1892 . .	89 301 098	1896 . .	69 539 963
1893 . .	10 090 972	1897 . .	68 787 297
1894 . .	55 441 887		

Die indische Nachfrage, die jetzt einsetzen wird, dürfte die Höhe des bisherigen russischen Bedarfs bei Weitem nicht erreichen, und dabei ist zu beachten, dass Indiens Nachfrage einer doppelt so hohen Production gegenüber stehen wird als seiner Zeit die russische. Es sind das gewichtige Momente, die meines Erachtens die Befürchtung einer europäischen Goldknappheit, als Folge einer Einführung der Goldwährung in Indien, nicht gerechtfertigt erscheinen lassen.

In Russland selbst übrigens liegen die Dinge momentan nicht erfreulich. Nach den umfassenden Massregeln, die der Finanzminister jüngst treffen zu müssen geglaubt hat, scheint eine Creditkrisis recht ernster Natur vorzuliegen, die eventuell die junge Goldwährung gefährden könnte. Im Grossen und Ganzen glaube ich aber, dass es sich bei der gegenwärtigen Spannung mehr um momentane Beklemmungen des Geldmarkts und der Börse in Folge des englischen Krieges handelt, als um eine wirklich bedenkliche Krisis.[2])

[1]) Report 1898 pag. 327.

[2]) Die Steigerung, welche sich inzwischen im letzten Monat in den russischen Anleihen im Ausland vollzogen hat, beweist, dass die Krisis von der Börse bereits als beendet angesehen wird.

2. Die angeblichen Uebelstände der Goldwährung.

Kehren wir nun zur Erklärung der Bimetallisten zurück.

Die durch die Goldwährung angeblich verursachte Steigerung der Kaufkraft des Goldes soll nun folgende Uebelstände hervorgerufen haben:

1. „— Eine sich stetig und dauernd vermehrende Belastung des Schuldners zu Gunsten des Gläubigers.“ —

Zur Illustration wird ein Citat aus der Schrift des Erzbischofs Walsh über „Bimetallismus und Monometallismus“ angeführt, wie folgt:

„Ein grosser Theil des im Geschäftsverkehr angelegten Capitals unseres Landes ist in die Hände der Pfand- und Hypotheken-Gläubiger übergegangen, welche — „„weder arbeiten noch spinnen““. Die Entmuthigung, welche diese Lage der Dinge hervorbringt, ist eine sehr tiefe. Nachdem sie schon mehrere Jahre angedauert hat, bemächtigt sich der ganzen Geschäftswelt ein Gefühl der Hoffnungslosigkeit, jede Unternehmungslust kommt zum Stillstand, eine Menge Betriebe werden eingestellt, der Arbeiter wird aus seiner Beschäftigung herausgedrängt und sowohl der Arbeiter-, wie der bescheidene Mittelstand fühlen es, dass ein grosses Unglück über sie gekommen ist. Und dasselbe reicht in der That noch höher hinauf, eine Menge von Leuten, die einst wohlhabende Geschäftsleute waren, sind heute Almosenempfänger geworden.“

Ich kann mich zu diesem Punkte kurz fassen.

Das Citat wirkt heute, nach einer 4jährigen Blütheperiode von Industrie und Handel in der ganzen Welt, wie sie in dieser Intensivität und Dauer kaum vorher jemals dagewesen ist, einfach erheiternd. Walsh hat in seinem Buch diese Worte auf Irland bezogen, und schon in dieser Beschränkung waren sie eine Uebertreibung. In der Silbercommission glaubte man sie verallgemeinern zu dürfen — und führte sich damit selbst ad absurdum.

Und wie steht es mit der dem Citat zu Grunde liegenden Behauptung einer „sich stetig und dauernd vermehrenden Belastung des Schuldners zu Gunsten des Gläubigers“? In verständliches Deutsch übersetzt soll das wohl heissen, dass in Folge der Steigerung des Goldwerths der Werth jeder langfristigen Schuld steigt, mithin der Schuldner, wenn er die gleiche Summe zurückzahlt, in Wirklichkeit mehr zurückzahlt als er empfangen hat.

Selbst angenommen die Voraussetzung wäre richtig, der Goldwerth stiege wirklich, so wäre das doch für den wichtigsten praktischen Fall völlig bedeutungslos. Langfristige Schulden kennt im grossen Massstabe fast nur der Grundbesitz in Gestalt von Hypotheken. Und da ist, worauf schon so oft hingewiesen, durch Herabgehen des Zinsfusses in den letzten Jahrzehnten (um etwa 2 Procent) und Conversion, jede etwaige Steigerung des Goldwerthes reichlich ausgeglichen worden.[1]) Ebenso haben die Staaten in ihren Anleihen von dem Mittel der Conversion durchweg Gebrauch gemacht und mithin, selbst wo das Anleihekapital zurückzahlbar ist, jede etwaige Werthsteigerung des Kapitals paralysirt.

Der Handelsverkehr kennt dagegen fast nur kurzfristige Schulden, für welche die ganze Frage nicht in Betracht kommt.

Die Erklärung fährt dann fort:

2. „Schliesslich muss diese Schädigung des Schuldners eine so weitgehende werden, dass auch der Gläubiger in Mitleidenschaft gezogen wird, indem der Schuldner zahlungsunfähig wird.“

Auf diese Prophezeihung ist das Gleiche zu sagen, wie ad 1. Der Gang der Dinge ist ein genau entgegengesetzter gewesen. In der Landwirthschaft hat die Zahl der Subhastationen dauernd abgenommen,

in Bayern . . von 3 739 im Jahre 1880
auf 828 „ „ 1893,

[1]) Lotz, Die Ergebnisse der deutschen Silberenquete (Schmoller's Jahrbuch 1895) pag. 206 ff. Neuerdings hat eine Aera steigenden Zinsfusses eingesetzt, die aber wiederum die convertirten Hypotheken kaum berühren dürfte.

in Preussen von 2979 „ „ 1886/87
auf 1503 „ „ 1891/92.

Der grosse Grundbesitz weist im Verhältniss höhere Subhastationsziffern auf als der kleine; aber auch bei dem grossen Grundbesitz hat die Zahl der Subhastationen abgenommen, und gerade auf die Landwirthschaft ist der obige Satz ja gemünzt.[1])

Auch das Steigen der hypothekarischen Belastung des landwirthschaftlichen Grund und Bodens (in Preussen 1886—95 1½ Milliarden), auf das vielfach zum Beweis für die Verschlechterung der Lage des Schuldners hingewiesen wird, ist keineswegs beweiskräftig. Wie noch unlängst von David in der „Neuen Zeit" sehr richtig ausgeführt ist,[2]) stände es um den städtischen Grundbesitz noch schlimmer als um den ländlichen, wenn wirklich das Ueberwiegen der Eintragungen gegenüber den Löschungen von Hypothekenschulden schon wirthschaftlichen Niedergang bedeutete. Denn bei dem städtischen Grundbesitz wurden in Preussen (1886—95) von 100 Mk. Neueintragungen 48,8 Mk. gelöscht, bei dem ländlichen 78,5 Mk. Die einseitige Betrachtung der Hypothekenbewegung giebt aber, wie David ganz richtig bemerkt, kein zutreffendes Bild. Zweifellos ist in der gleichen Zeit die Werthsteigerung des städtischen Grundbesitzes grösser gewesen, als die des ländlichen, aber auch dieser hat, wenigstens in den Gebieten des landwirthschaftlichen Mittel- und Kleinbetriebes, eine Werthsteigerung erfahren, die jedenfalls von den oben erwähnten 1½ Milliarden abzuziehen ist.

Damit sind wir zur Landwirthschaft gekommen, deren Nothlage den Punkt 3 der Erklärung bildet.

3. Durch die Goldvertheuerung ist hervorgerufen: „Ein Rückgang der deutschen Landwirthschaft, welcher einerseits zurückzuführen ist auf die Nothwendigkeit zur Bezahlung der Arbeitslöhne, Renten, Zinsen, Pachten, Steuern, eine stetig anwachsende Menge ländlicher, im Werthe gesunkener Producte

[1]) Artikel „Agrarkrisis" im Handwörterbuch der Staatswissenschaften, 1. Aufl., 1. Supplementband pag. 16 und 2. Aufl. 1. Bd.

[2]) David in der „Neuen Zeit" vom 28. November 1899.

verkaufen zu müssen, andrerseits herrührt von der gesteigerten Concurrenzfähigkeit des Auslandes, namentlich der Silberländer und der Länder mit unterwerthigen Valuten. Diese vermögen, entsprechend dem Preisfall des Silbers und der Unterwerthigkeit ihrer Valuten gegenüber dem vertheuerten Golde, ihre ländlichen Producte mit einer hohen Exportprämie zu Preisen auf den Weltmarkt zu bringen, welche tief unter den Productionskosten der deutschen Landwirthschaft stehen und diese in die jetzige Nothlage brachten.“

Dass eine agrarische Nothlage vorhanden ist, beziehungsweise vorhanden war, wäre thöricht zu bestreiten, nur fehlt der Zusammenhang mit der Goldwährung.[1]) Die Productionspreise sind nicht gefallen wegen einer Steigerung des Goldwerths, sondern aus Gründen, die in der Waare selbst liegen; bei Getreide, das ja hauptsächlich in Betracht kommt, wegen der enormen Getreideproduction und Concurrenz von Nordamerika und Argentinien und der fortgesetzten Verbilligung der Frachten. Die Preise andrer Producte, wie Kartoffeln und Fleisch, sind dagegen stark gestiegen, die Fleischpreise im Kleinhandel[2]) seit 1850 etwa um 100 Procent, seit 1870 etwa um 20 bis 30 Procent. Es kann daher auch nicht die Rede sein von einem allgemeinen Preisfall aller ländlichen Producte. Bedeuten doch gerade die letzten 20 Jahre die höchste Blüthe und Entwicklung der deutschen Rindvieh- und Schweinezucht, die in dieser Weise nur möglich

[1]) Lotz, l. c. pag. 912 ff.

[2]) Kleinhandelpreise von **Rindfleisch.**

Im Jahre	1 kg in Pfennigen		
	Königsberg	Berlin	München (Mastochsenfleisch)
1851	62	65	64
1860	72	80	80
1870	98	105	106
1880	105	126	132
1890	136	126	142
1893	130	125	140

cfr. Drucksachen der Silbercommission Nr. 10, VI, pag. 22, 23.

war bei lohnenden Preisen.[1]) Trotzdem soll, wie gesagt, die Agrarnoth nicht geleugnet werden, nur wirken zu hohe Güterpreise, Leutenoth und mangelhafte Crediteinrichtungen das meiste an ihr. Soweit übrigens die Getreidepreise in Betracht kommen, ist die Krisis im Zurückgehen. Es stellten sich die Preise für 1000 kg in Mk.: [2])

Im Jahre	Roggen		Weizen	
	714 p. l. Waare z. freien Verkehr	bair. gut, mittel	transit, bunt, unverzollt	bair. gut, mittel
	Danzig	München	Danzig	München
1893	123,4	145,1	125,8	174
1894	110,4	122,5	102,6	155,8
1895	116,2	134,7	107,9	164,3
1896	111,8	146,8	117,9	174,5
1897	119,3	153,7	131,5	187,3
1898	142,3	170,5	148,7	210,5

Das Jahr 1899 zeigt allerdings wieder weichende Getreidepreise.

Die Agrarnoth ist nun in der bimetallistischen Erklärung andrerseits erklärt durch „die gesteigerte Concurrenzfähigkeit des Auslandes insbesondere der Silberländer und der Länder mit unterwerthigen Valuten“ in

[1]) Grosshandelspreise.

Im Jahre	Rinder 100 kg Fleischgewicht Mittel aus den Preisen für IIa Mk.	Im Jahre	Rinder 100 kg Schlachtgewicht Mittelpreis für II Mk.
1881	98,5	1889	104,1
1885	97,0	1895	119,0
1890	109,9	1898	113,3

Viehstand im Deutschen Reich.

	Rindvieh	Schweine
1. Dezember 1897	18 490 772	14 274 557
1. Dezember 1892	17 555 694	12 174 288
1. Januar 1883	15 786 764	9 206 195

[2]) Statistisches Jahrbuch 1899 pag. 151.

Folge der Silberentwerthung und der Unterwerthigkeit der Papiervaluten. Die Concurrenz dieser Länder soll die deutsche Landwirthschaft in die jetzige Nothlage gebracht haben.

Zunächst ist es unerfindlich, was die Concurrenz der Länder mit Papiervaluten mit der Goldwährung zu thun hat. Dass ihre Concurrenz dauernd von den Bimetallisten der Goldwährung zur Last geschrieben wird, ist ein reines Taschenspielerkunststück.

Das einzige Silberland, das Getreide nach Deutschland exportirte, war Indien. Auch dieses ist seit 1893, nach Schliessung der Münze für die freie Silberprägung, nicht mehr reines Silberland. Die Bedeutung der indischen Weizeneinfuhr mag eine kleine Tabelle illustriren:[1])

Weizen.

	Gesammteinfuhr Tonnen	Einfuhr aus Indien. Tonnen
1891	905 332	24 107
1892	1 296 213	50 908 [2])
1894	1 153 837	9 470
1895	1 338 178	4 378
1896	1 652 705	1 651
1897	1 179 521	0
1898	1 477 455	12 327

Deutschlands Hauptconcurrent sind seit den 70er Jahren die Vereinigten Staaten gewesen, die Goldwährung haben. Russland hatte Papierwährung und ist jetzt zur Goldwährung übergegangen. Argentinien, das Papierwährung hat, ist als Getreideimporteur nach Deutschland erst seit 1890 aufgetreten, seitdem ist der Import von argentinischem Weizen bereits um $^3/_4$ zurückgegangen[3])

von 346 245 Tonnen im Jahre 1894
auf 83 361 „ „ „ 1898.[4])

[1]) Statistisches Jahrbuch 1899 pag. 107.

[2]) 1892 ist das Jahr des russischen Getreideausfuhrverbots und der höchsten Preise in Deutschland.

[3]) Statistisches Jahrbuch 1899 pag. 107.

[4]) 1899 wird in Folge einer ungewöhnlich grossen Ernte in Argentinien ein anderes Ergebniss liefern.

Darnach ist wohl klar, dass, so ungünstig die Entwicklung der Weltmarktpreise für Getreide speciell für Weizen sein mag, sie jedenfalls im Wesentlichen durch die natürlichen Productionsverhältnisse der einzelnen Länder und jedenfalls nicht durch die Silberentwerthung bestimmt worden ist. Die Concurrenz der Silberländer ist es also nicht, die, wie die bimetallistische Erklärung besagt, „die deutsche Landwirthschaft in die jetzige Nothlage brachte". Mit der Theorie der „Exportprämie", als Folge der Unterwerthigkeit der Valuta, werde ich mich sub 4 und 7 der bimetallistischen Erklärung auseinandersetzen.

4. Die steigende Kaufkraft des Goldes hat hervorgerufen: „Eine immer bemerkbarer werdende Schädigung der deutschen Industrie

a) wegen der stetig sinkenden Kaufkraft der Landwirthschaft für industrielle Erzeugnisse."

Demgegenüber möchte ich doch betonen, dass es bei der gewaltigen Entwicklung der deutschen Industrie notorisch der innere Markt gewesen ist, auf welchen der Hauptantheil entfallen ist, und nicht der Export. Das widerspricht dem doch einigermassen. Einige Industrien haben überdies gerade aus der Entwicklung der Landwirthschaft in den letzten 20 Jahren grosse Vortheile gezogen, so die Maschinenindustrie durch die Einführung landwirthschaftlicher Maschinen aller Art, die Kleinbahnindustrie, die chemische Industrie durch Einführung der künstlichen Dung- und Futtermittel. Ich glaube, man wird im Gegensatz zur bimetallistischen Erklärung viel eher sagen dürfen: die Industrie verdankt einen guten Theil ihrer heutigen Stellung der Entwicklung der Landwirthschaft in Deutschland, wenn auch in einzelnen Industrien der landwirthschaftliche Verbrauch abgenommen haben mag. Aber auch da sind wieder Veränderungen in den Volksgewohnheiten zu berücksichtigen, z. B. das Zurückgehen der Hausweberei auf dem Lande, wodurch die Textilindustrie gewonnen hat.[1]) Da die landwirthschaftlichen Löhne sich gehoben haben, ist ja auch anzunehmen, dass der Consum an industriellen Erzeugnissen seitens der Landarbeiterbevölkerung zugenommen hat. Die sogenannte „Landflucht" der Landarbeiter, die auf erhöhte Bedürfnisse hinweist, stimmt damit jedenfalls überein.

b) „wegen des Zurückgehens des Exports nach den Silberländern und des hierdurch veranlassten Rückstaues der bisher dorthin exportirten Fabrikate auf den heimischen Markt."

Diese Behauptung muss nach der Statistik als direkt falsch bezeichnet werden.[2]) Als die hauptsächlichen Silberländer kommen resp. kamen in Betracht China, Mexico, Japan (bis October 1897) und Indien.

Bezüglich ihrer müsste von den Bimetallisten nachgewiesen werden,

dass der Export zurückgegangen oder wenigstens, dass der Export bei den gleichen Artikeln im Verhältniss zu den Goldländern zurückgeblieben ist,

oder doch, dass, wo der Export einen Rückgang zeigt, ein solcher im Export nach den Goldländern nicht vorliegt.

Ich nehme in den folgenden Statistiken die Jahre der stärksten Silberentwerthung, also seit 1890. Seit 1897 ist in die Zahlen der Veredelungsverkehr für inländische Rechnung einbezogen, was aber für die Silberländer China, Mexico, Indien und Japan kaum in Betracht kommt. Es betrug der

Gesammtexport nach

Britisch Ostindien	Mille Mark	Japan	Mille Mark
1890 . .	32 165	1890 . .	18 481
1895 . .	44 700	1895 . .	26 100
1897 . .	47 300	1897 . .	39 200

---

[1]) cfr. Meyer, Ueber die Schwankungen in dem Bedarf an Handarbeit in der deutschen Landwirthschaft 1893 pag. 77 ff.

[2]) Statistisches Jahrbuch 1899 passim. Die folgenden Zahlen der deutschen Statistik sind alle dem genannten Jahrbuch entnommen.

China	Mille Mark	Mexico	Mille Mark
1890 . .	29 863	1890 . .	14 331
1895 . .	35 400	1895 . .	16 300
1897 . .	32 300	1897 . .	17 500

Ich gebe zur Controle die indischen, chinesischen und japanischen Zahlen.

Der Gesammtimport von

Britisch Ostindien[1])
stieg von Rx. 62 605 000 in 1892/93
auf Rx. 71 915 000 in 1896/97.

China[2])
von 127 093 900 Haik wan Taels i. J. 1890
(Goldwerth 5.2¼)
auf 202 590 000 Haik wan Taels i. J. 1896
(Goldwerth 3.4)

Japan[3])
von 78 806 315 Yen im Jahre 1891
auf 171 674 474 „ „ „ 1896.

Die Betheiligung Grossbritanniens und Deutschlands stellte sich am japanischen Import

1872 . .	Grossbritannien	11 907 182 Yen
	Deutschland .	2 040 263 „
1892 . .	Grossbritannien	20 789 332 „
	Deutschland .	6 375 048 „
1896 . .	Grossbritannien	59 251 780 „
	Deutschland .	17 183 953 „

Zum Vergleich jetzt die Zahlen des deutschen Exports nach den Goldländern.

Deutscher Export

nach Grossbritannien

Mille Mark

1890 705 265 1895 678 100 1897 701 700.

---

[1]) „Economist" 1897 pag. 1564.

[2]) cfr. Steiger, Die Silberentwerthung pag. 27 nach Angaben des Sekretärs für Statistik des Kaiserlichen Seezollamts.

[3]) Steiger eodem, nach dem „Resumé statistique de l'Empire du Japon" und dem „Economist".

nach den Vereinigten Staaten

	Mille Mark	
1890 416 692	1895 368 700	1897 397 500.

Nach dem Papierwährungsland Russland stellte sich der Export

	Mille Mark	
1890 206 457	1895 220 900	1897 345 600.[1]

Ich erwähne noch, dass der Export nach Frankreich und Italien zurückgegangen ist.

Ein Blick auf die mitgetheilten Zahlen, glaube ich, zeigt, dass es nicht die Silber-, sondern die Goldländer sind, nach denen der Export zurückgegangen ist.

Untersuchen wir nun die einzelnen Ausfuhrartikel. Die Textilbranche soll durch die Silberentwerthung am meisten gelitten haben. Wülfing in seiner Denkschrift für die Silbercommission „Währungsfrage und Industrie"[2]) stellte ihrer Entwicklung die denkbar schwärzeste Prognose. Betrachten wir daher den Textilexport nach den Silberländern und Goldländern.

Die Ausfuhr von Textilfabrikaten überhaupt ist zurückgegangen

von 914,2 Millionen Mark i. J. 1889
auf 726,8 „ „ „ „ 1898.

Im Einzelnen betrug die Ausfuhr

Baumwollenwaaren
(dichte Gewebe, gefärbt, bedruckt)

nach Britisch Ostindien	1894	1895	1896	1897	1898
Tons	173	116	135	155	220
Millionen Mark	0,6	0,4	0,5	0,6	0,8
nach Mexico					
Tons	110	177	236	188	249
Millionen Mark	0,4	0,6	0,8	0,7	0,9

[1]) incl. Veredlungsverkehr, excl. Finnland.

[2]) Drucksachen der Silbercommission 18 und 24.

Strumpfwaaren

nach Ostindien	1894	1895	1896	1897	1898
Tons	392	269	455	454	608
Millionen Mark	2,0	1,6	2,7	2,5	3,3
nach den Vereinigten Staaten					
Tons	4 302	5 928	3 956	4 213	3 398
Millionen Mark	22,4	35,6	23,7	23,2	18,7

Garne.

a) Baumwollengarne (auch Vigogne)

nach Grossbritannien	1894	1895	1896	1897	1898
Tons	2 520	2 767	2 492	2 128	1 998
Millionen Mark	3,4	3,7	3,7	3,2	2,8
nach Britisch Ostindien					
Tons	50	71	55	165	213
Millionen Mark	0,2	0,3	0,3	0,6	0,7

b) Wollengarne

nach Japan	1894	1895	1896	1897	1898
Tons	321	426	506	630!	273!
Millionen Mark	1,7	2,3	2,8	3,3	1,5

Diese letzten Zahlen sind besonders charakteristisch; 1897 Einführung der Goldwährung. Nach bimetallistischer Theorie musste das Jahr 1898 eine Zunahme des Exports zeigen, es zeigt sich statt dessen eine Abnahme von 630 auf 273 Tons!

Kleider, Leibwäsche und Putzwaaren aus Baumwolle, Leinen und Wolle

nach Britisch Ostindien	1894	1895	1896	1897	1898
Tons	17	24	37	64	87
Millionen Mark	0,2	0,2	0,5	0,9	0,9

Halbseidene Zeuge, Tücher, Shawls

nach Britisch Ostindien	1894	1895	1896	1897	1898
Tons	69	75	83	63	106
Millionen Mark	1,8	1,9	2,1	1,5	2,6

Wollenwaaren, Tuch- und Zeugwaaren unbedruckt

nach China	1894	1895	1896	1897	1898
Tons	236	331	605	447	332
Millionen Mark	1,4	2,1	3,8	2,9	2,2
nach Japan					
Tons	292	763	1 430	810	820
Millionen Mark	1,8	4,8	9,0	5,3	5,3

Ich glaube, die mitgetheilten Zahlen liefern den erdrückenden Beweis, dass es auch bezüglich der Textilbranche, ja noch enger gefasst, bezüglich des Exports an Baumwollfabrikaten nicht die Silberländer sind, nach denen der Export zurückgegangen ist.[1]) Im Gegentheil, der Rückgang im Textilexport wäre ein viel stärkerer, wenn nicht die gestiegene Textilwaarenausfuhr nach den Silberländern die Ziffern verbessern würde. Die Zahlen für Nord-Amerika reden eine beredte Sprache.

Export nach den Vereinigten Staaten

Tonnen

	1894	1898
Tuch- und Zeugwaaren, unbedruckt (Wolle) . . .	2 030	1 423 !
Strumpfwaaren (Baumwolle)	4 302	3 398 !
Halbseidene Zeuge	932	857 !

Der Export ist zurückgegangen nach den hoch entwickelten Goldländern, nach den Silberländern ist der Textilexport gestiegen, trotz der Entwicklung einheimischer Industrien in diesen Ländern.

Dieses Steigen des Exports nach den Silberländern ist auch sehr erklärlich. Der Fall des Silberpreises, der nach der Theorie ja hemmend auf den Export nach den Silberländern wirken soll, ist begleitet gewesen von einem gleich starken Fall der Waarenpreise und Frachtkosten. Der Chinese und Inder ist daher garnicht genöthigt gewesen, höhere Preise anzulegen, und es konnte daher auch in der verflossenen Periode von einer Wirkung der Unterwerthigkeit der Valuta auf die Nachfrage der Silberländer nicht die Rede sein.[2])

---

[1]) cfr. besonders Anhang III No. I.

[2]) Wernicke, Japan und die Silberentwerthung: Conrad'sche Jahrbücher. 3 F. Bd. II. pag. 887 ff.

Es liegt mir fern, jede Wirkung einer unterwerthigen Valuta bestreiten zu wollen, aber dass die Valutendifferenz nicht der allein ausschlaggebende Factor ist, wie die Bimetallisten es hinstellen, mag eine kleine Zusammenstellung zeigen.

Japan zeigte bis 1882 einen Ueberschuss des Imports, trotzdem bereits 1873 die Silberentwerthung eingesetzt hat.

China, das reine Silberland zeigt heute noch einen Ueberschuss des Imports.

Indiens Weizenexport ist trotz des Falls des Silberpreises dauernd zurückgegangen.[1]) Das zeigt, dass die realen Factoren des Wirthschaftslebens ausschlaggebend sind und die Valutenverhältnisse höchstens secundirend wirken.

Die bimetallistische Erklärung spricht nun sub 4c weiter von der Schädigung der deutschen Industrie

„wegen der Concurrenz der in Silberländern unter der Begünstigung der in Silber zu zahlenden niedrigen Productionskosten und der durch die Unterwerthigkeit des Silbers herbeigeführten Exportprämie sich schnell entwickelnden industriellen Anlagen“.

Dem ist zu entgegnen, die industrielle Entwicklung dieser Länder hat sich zwar rasch vollzogen, aber keineswegs beängstigend. Indien zählte 1897 ca. 4 Millionen Spindeln nebst 37 600 Webstühlen. Es konsumirte 1895 557,7 Millionen Yards Baumwollenwaaren weniger als 1894 und 170 Millionen Yards weniger als 1893. Diesen Zahlen gegenüber bleibt nach unsern obigen Untersuchungen nur der Schluss, dass der Hauptverlust[2]) die englische Textilindustrie getroffen hat, wie das aus den Jahresberichten der englischen Gesellschaften auch hervorgeht. Bei der ganzen Entwicklung handelt es sich, wie Steiger[3]) mit Recht betont, nicht um ein Zurückgehen des europäischen Exports, sondern um eine Verschiebung. Dass der Export gewisser Stapelartikel, die im Lande fabricirt

---

[1]) Eodem loco. [2]) in den Jahren 1893—95; wegen jetzt Anhang III N. I.

[3]) Steiger, Die Silberentwerthung und ihre Bedeutung für die Volkswirthschaft der Gegenwart, Journal für die Schweiz 1898 pag. 28, 29, 46.

werden können, zurückgehen wird, ist nur natürlich. Dafür sind auf der andern Seite, gerade durch die Aufschliessung dieser Länder durch eine eigene Industrie, die Bedürfnisse mächtig gestiegen und es erhalten daher bei uns viele neue Industrien dort einen Markt, wo der Markt der alten zurückgeht.

Der Schlusssatz von Nr. 4c der bimetallistischen Erklärung, den ich oben noch nicht wiedergegeben habe, lautet:

„In kurzer Zeit werden, wenn nicht Massnahmen ergriffen werden, die industriellen Erzeugnisse der Silberländer den deutschen Markt aufsuchen. Indisches Garn rentirt bereits den Import nach Deutschland.“

Diese Voraussage hat sich nicht bestätigt und würde sich wohl auch nicht bestätigen, selbst wenn nicht inzwischen Japan zur Goldwährung übergegangen wäre und Indien im Begriff stünde, es zu thun. Sollte es trotz eingetretener Valutengleichheit sich ereignen, so fiele es jedenfalls der Goldwährung nicht zur Last. Aber nach der Lage der Productionsverhältnisse ist es nicht wahrscheinlich. Erstens sind in Japan sowohl wie in Indien in letzter Zeit sowohl die Löhne wie die sonstigen Preise ganz bedeutend gestiegen, so dass die Production theurer geworden ist, andrerseits ist die Qualification der Arbeiter eine bedeutend niedrigere, als die des deutschen oder englischen Arbeiters. Es kommen hinzu Transportkosten und Zölle. So ist eine Concurrenz auf dem eignen Markt Europas in nennenswerthem Masse wohl kaum zu fürchten.[1])

Die Seite, von der uns die Concurrenz auf dem eignen Markte in der That droht, ist nicht China, nicht Japan oder Indien, sondern die Vereinigten Staaten von Amerika, die in reissend schneller Entwicklung zu einem Exportindustrieland ersten Ranges werden. Bereits

---

[1]) Wernicke, Indien und die Silberentwerthung Conrad'sche Jahrbücher. 3 F. Bd. 12 pag. 487. cfr. auch Arndt, „Die Kaufkraft der Rupie“ in der Zeitschrift für die gesammte Staatswissenschaft 1898 Heft I und II.

baut Amerika Brücken in Indien und dem Sudan, liefert Roheisen und Stahl nach England, hat Schienenaufträge für englische Bahnen und baut Dampfschiffe für Russland. Nach der vom statistischen Amt veröffentlichten Aufstellung des Aussenhandels der Vereinigten Staaten stellten sich Export und Import im letzten Jahrzehnt wie folgt:[1])

	Import	Export
	in Millionen	Dollars
1889/90	789,3	857,8
1890/91	844,9	884,5
1891/92	827,4	1 030,3
1892/93	866,4	847,5
1893/94	655,0	802,1
1894/95	732,0	807,5
1895/96	779,7	882,6
1896/97	764,7	1 051,0
1897/98	616,6	1 231,5
1898/99	697,1	1 227,4

Von dort droht für Gesammteuropa die Gefahr und nicht von Japan und Indien.

Die Beurtheilung der Entwicklung von Japan und Ostindien ist überhaupt von Ueberschätzung nicht frei gewesen. Es ist nur natürlich, dass junge Länder, die einen grossen innern Markt noch nicht haben und international verschuldet sind, wenn sie eine Industrie entwickeln, zunächst stark exportiren; ebenso wie alte Länder, wie England und Deutschland, deren Industrie ihren Hauptabsatz auf dem innern Markt findet, einen Importüberschuss zeigen. Es sind das vorübergehende Entwicklungsphasen, und es ist in den Verhältnissen von Japan, China oder Ostindien nichts vorhanden, was diese Entwicklung für Europa in besonderer Weise bedrohlich machte. Sie werden im Gegentheil durch die jetzt erst erfolgende Ausbildung ihrer Bedürfnisse noch für lange Jahre der europäischen Industrie ein reiches Absatzfeld gewähren.[2])

[1]) cfr. auch Diezmann, Der Aussenhandel der Vereinigten Staaten im Rechnungsjahr 1898, Jahrbücher für Nationalökonomie 1899 pag. 502 ff.

[2]) cfr. dazu Anhang III No. I.

5. *„Eine Herabdrückung der Unternehmungslust ist die natürliche Folge sinkender Preise. Statt zu volkswirthschaftlich nützlichen Anlagen, wie Kanälen, Eisenbahnen, Fabriken, Rhedereien verwendet zu werden, sucht das Capital sicher verzinsliche Werthe auf. Daher Rückgang des Zinsfusses und, um einen höheren Zins zu erlangen, Ankauf unsichrer ausländischer Werthpapiere mit schweren Verlusten für das deutsche Capital, namentlich die kleinen Sparer.“*

O si tacuisses! Noch niemals ist eine Behauptung so schnell und gründlich Lügen gestraft worden wie diese. Eine Periode ungeahnten industriellen Aufschwungs ist angebrochen, der heimische wie der ausländische Rentenmarkt liegt verödet zu Gunsten der Industriepapiere und wir kommen wieder in eine Aera steigenden Zinsfusses, wie die jüngsten Anleihebegebungen und die Communalanleihen deutlich zeigen. Zur Illustration mag dienen die Entwicklung der preussischen Eisenbahnüberschüsse von

550 193 000 im Jahre 1894 auf
725 565 000 „ „ 1898

und des Giroverkehrs bei der Reichsbank, der sich von 1894—98 in Einnahmen und Ausgaben von 42 auf 68 Milliarden jährlich gehoben hat.[1])

6. *„Das Capital kann sich weder dauernd den Schädigungen entziehen, welche die Schuldner treffen, noch unberührt bleiben von dem Rückgang der Production. Die in Gold eingegangenen Verpflichtungen führen zum Bankerott der Einzelnen wie der Staaten“ — (Griechenland, Portugal, Argentinien).*

Ueber den „Rückgang der Production“ habe ich mich ja bereits geäussert. Die „Schädigungen des Capitals“ illustriren wohl am besten die Ziffern aus der preussischen Einkommensteuer.[2]) Dieselbe ergab

1895/96	122 752 154 Mk.
1896/97	126 874 741 „

---

[1]) Statistisches Jahrbuch 1899 pag. 61, 145.

[2]) Statistisches Handbuch für den preuss. Staat 1898 pag. 528, 561.

für 1897/98 war sie veranlagt mit 134 950 000 Mk.
für 1898/99 mit . . . . 146 738 875 „

Sie ist also in 4 Jahren um 24 Millionen gestiegen.

Was den Bankerott von Griechenland und Portugal betrifft, so fällt derselbe nicht der Goldwährung zur Last (Griechenland hat nominell Doppelwährung), sondern der Misswirthschaft und schlechten Finanzverwaltung in beiden Staaten.

Ebensowenig trifft das Beispiel Argentiniens zu.[1]) Allerdings hat die 1881 eingeführte Goldwährung in Folge von Ueberspeculation, die sich an ihre Einführung knüpfte und in Folge eines laxen Bankgesetzes, das eine übertriebene Gründung von Notenbanken und übermässige Notenausgabe begünstigte, sich nicht halten können. Nur ist zu bemerken, dass Argentinien seit 1826 bis zur Einführung der Goldwirthschaft sich in Papierwirthschaft befand, dass das Agio im Jahre 1879 3 320 Procent betrug und vor kurzem nur ca. 127 Procent beträgt, so dass die argentinischen Finanzen gegen früher sich immerhin recht erheblich gebessert haben.

Ich möchte an dieser Stelle auch mit kurzen Worten den jüngsten Zusammenbruch der Goldwährung in Chile[2]) beleuchten.

In Chile ist der kurzen Goldwährungsperiode (seit 1895) im Juli 1898 bereits wieder Papierwirthschaft gefolgt. Die Gründe, weshalb die erst 1895 eingeführte Goldwährung sich nicht hat halten lassen, liegen erstens in der sehr unvollständigen und schlechten Ausführung des Gesetzes von 1895. Die Regierung hatte es nicht durchsetzen können, dass die Banken, vor allem auch die Bank von Chile, die gesetzlich vorgeschriebene Noten-

[1]) Otto Schmitz: „Die Finanzen Argentiniens“. Helfferich: „Währung und Landwirthschaft“ und „Der argentinische Währungsweizen“ in der Zeitschrift „Nation“ vom 4. Mai 1895.

[2]) Report 1898.

deckung in Gold hielten und ihren Notenumlauf soweit, als dazu nothwendig, verringerten. Im Augenblick der Krisis fehlten daher die Goldvorräthe der Banken. Der zweite Grund waren die grossen Kriegsausgaben Chile's in dem Grenzstreit mit Argentinien. Im Juni 1898 legte der Finanzminister sein Amt nieder, dadurch entstand Misstrauen und es erfolgte ein „run" auf die Banken, die geschlossen werden mussten. Am 30. Juli gab die Regierung 50 Millionen Pesos Papier mit Zwangscurs aus, die am 1. Januar 1902 in Gold eingelöst werden sollen. Am 13. August 1898 war das Papier bereits 30 Procent entwerthet.

Chile bietet das typische Bild kleiner, finanziell und wirthschaftlich schwacher Staaten, die in schlecht vorbereiteter, überhasteter Weise zur Goldwährung übergehen, um bei der ersten Krisis wieder in die alte Papierwirthschaft zurückzufallen. Vor solchen Experimenten kann natürlich nur dringend gewarnt werden, aber ihr Misserfolg kann der Goldwährung als solcher nicht zur Last gelegt werden.[1] Die Dinge hätten sich in Chile ebenso abgespielt unter einem bimetallistischen System. Das Grundübel derartiger Staaten ist eine schlechte Finanzverwaltung und eine ungünstige Zahlungsbilanz, zwei Faktoren, die jeder metallischen Währung feindlich sind. Dass Staaten dieser Art nicht mit den Haupthandelsnationen auf einen gleichen Währungsstandard kommen werden, mag man beklagen, es liegt aber meines Erachtens ausserhalb der Grenze jedweder Währungspolitik, das zu verhindern.

7. „Es tritt eine immer grössere Erschwerung der in finanziellen Bedrängnissen sich befindenden Länder ein, welche Goldschulden haben, zu einer Ordnung ihrer Finanzen zu gelangen, statt dessen ein steigendes Goldagio und entsprechend wieder eine

---

[1] Auch Argentinien hat sich in den letzten Monaten wieder auf Goldwährungs-Experimente eingelassen, deren Misslingen vorauszusehen ist. cfr. The Bankers Magazine 1899 pag. 687.

Vergrösserung der Exportprämie für ihre Producte, zum Schaden der Industrie und Landwirthschaft der Goldwährungsländer.“

Dass die Silberstaaten, soweit sie Goldanleihen zu verzinsen haben, finanziell durch die Silberentwerthung stark gelitten haben, ist garnicht zu bestreiten. Es ist das ja der Hauptgrund gewesen, weshalb in den letzten Jahren diese Staaten zur Goldwährung übergegangen sind oder den Uebergang wenigstens angebahnt haben, wie Indien. Soweit es sich aber überhaupt um wirthschaftlich tüchtige Länder handelt, wie Indien, haben sie eben bereits ihrerseits die nöthigen Massnahmen ergriffen, um diese Schäden zu beseitigen. Diese Staaten haben Veranlassung, sich den Goldwährungsstaaten anzupassen, und nicht umgekehrt. Ihre finanziellen Schwierigkeiten sind kein Argument gegen die Goldwährung.

Auch die Theorie von der Exportprämie hat, wie ich schon oben anerkannte, bis zu einem gewissen Grade theoretisch ihre Richtigkeit.[1]) Aber es ist immer wieder hervorzuheben, dass die Unterwerthigkeit der Valuta nur einer der vielen Factoren ist, die bei dem Export und der Preisbildung in Betracht kommen, und dass sie hinter den übrigen Faktoren, den Productionskosten, Transportkosten, guten oder schlechten Ernten in ihrer Bedeutung meist zurücksteht. Im Uebrigen ist der einzige Exportartikel, bei dem eine Schädigung Deutschlands bezw. eine Concurrenz mit Deutschland bisher vorliegen konnte, der indische Weizen gewesen, bei den übrigen Artikeln: Rohbaumwolle, Jute, Thee etc. sind niedrige Preise ein reiner Gewinn Deutschlands. Der indische Weizenexport aber ist, wie oben schon dargelegt wurde, ein so minimaler gewesen, dass von einem Druck auf die Weltmarktspreise durch ihn wohl kaum die Rede sein kann, wenn man nicht sogar der Ansicht Ellstätter's[2]) beitreten will, dass

---

[1]) cfr. Helfferich, Aussenhandel u. Valutaschwankungen (Schmoller's Jahrbuch 1897 pag. 353 ff.). — Kantorowicz, Rubelkurs und russische Getreideausfuhr 1896.

[2]) Ellstätter, Indiens Silberwährung 1894 pag. 48.

umgekehrt der Weizenexport Indiens vom Weltmarkt abhängt und Indien nur dann Getreide ausführt, wenn die europäischen Weizenkurse es rentabel machen. Es ist überdies bei der Frage der indischen Concurrenz niemals zu vergessen, dass Indien gerade dadurch, dass es Silberland ist, in seiner wirthschaftlichen Aufschliessung bislang sehr zurückgeblieben ist, weil das europäische Capital vor grösseren Investirungen sich bisher gescheut hat, da es bei sinkender Valuta deren Entwerthung zu befürchten hatte.

Es ist dies das Hauptargument des neuen indischen Comitéberichts von 1899 für Einführung einer wirklichen Goldwährung; die Commission glaubte, dass nur unter einem gesicherten Goldstandard Capital in grossem Massstabe zur Erschliessung des Landes durch Eisenbahnen, Kanäle etc. einströmen würde.[1]) Die Silberentwerthung hat unter diesem Gesichtspunkte also jedenfalls Indiens Concurrenz hintenangehalten.

8. „Es erfolgt eine dauernde Schädigung und ein Erliegen des deutschen Silberbergbaues, der bei den jetzigen Silberpreisen nicht aufrecht erhalten werden kann. Damit aber hört zugleich die Erzeugung von Kupfer, Blei, Zink überwiegend auf. Viele Millionen jährlich gehen dem deutschen Nationaleinkommen verloren, viele Tausende von Arbeitern werden brotlos, ganze Bezirke Deutschlands sind ruinirt.“

Ich lasse die Statistik sprechen. [2])

---

[1]) Indian Currency Report 1899 Abs. 35 u. passim.

[2]) Statistisches Jahrbuch 1899 pag. 42, 43, 44.

A. Bergwerksbetrieb.[1])

Zinkerze.

Im Jahre	Zahl der Werke		Mittlere Belegschaft	Förderung	
	Haupt-betriebe	Neben-betriebe		Menge 1000 Tonnen	Werth 1000 Mark
1888	62	49	13 778	667,8	13 747
1889	67	52	14 344	708,8	17 690
1890	79	41	15 099	759,4	23 416
1891	68	42	15 321	793,5	24 954
1892	76	41	15 727	800,2	21 221
1893	82	37	15 107	787,9	14 291
1894	56	36	14 399	728,6	10 278
1895	54	30	13 701	706,4	10 577
1896	43	27	13 391	729,9	17 023
1897	45	26	13 749	663,9	16 881

Bleierze.

Im Jahre	Zahl der Werke		Mittlere Belegschaft	Förderung	
	Haupt-betriebe	Neben-betriebe		Menge 1000 Tonnen	Werth 1000 Mark
1888	129	55	15 126	161,8	16 684
1889	137	49	15 083	169,6	17 730
1890	140	53	14 453	168,2	18 098
1891	155	55	14 807	159,2	16 656
1892	164	53	14 455	163,4	14 687
1893	157	49	13 970	168,4	14 144
1894	120	37	12 918	162,7	12 104
1895	95	46	12 496	161,6	12 940
1896	104	35	12 289	157,5	12 996
1897	132	36	12 385	150,2	13 016

[1]) Statistisches Jahrbuch 1899. pag. 42 ff.

Kupfererze.

Im Jahre	Zahl der Werke		Mittlere Belegschaft	Förderung	
	Hauptbetriebe	Nebenbetriebe		Menge 1000 Tonnen	Werth 1000 Mark
1888	26	81	14 564	530,9	17 519
1889	24	65	15 195	573,3	18 199
1890	23	69	15 212	596,1	20 167
1891	24	70	15 360	587,6	20 865
1892	24	65	14 573	567,7	20 514
1893	31	62	13 944	585,0	18 123
1894	20	53	13 692	588,2	16 240
1895	25	46	13 629	633,4	15 380
1896	18	48	14 081	717,3	16 959
1897	21	45	14 420	700,6	19 010

Silber- und Golderze.

Im Jahre	Zahl der Werke		Mittlere Belegschaft	Förderung	
	Hauptbetriebe	Nebenbetriebe		Menge 1000 Tonnen	Werth 1000 Mark
1888	38	2	6 204	20,4	4 069
1889	33	3	6 024	22,3	4 042
1890	29	2	6 053	21,4	4 584
1891	32	4	5 895	22,6	4 607
1892	30	3	5 572	17,5	3 642
1893	29	2	5 258	18,8	3 099
1894	28	1	5 080	19,1	2 519
1895	20	1	4 721	10,8	1 708
1896	18	1	4 425	11,3	1 712
1897	19	1	4 045	9,7	1 453

B. Hüttenbetrieb.

Zink.

Im Jahre	Zahl der Werke		Mittlere Belegschaft	Gewinnung	
	Haupt-betriebe	Neben-betriebe		Menge 1000 Tonnen	Werth 1000 Mark
1888	29	3	8 784	133,2	43 624
1889	29	3	8 963	136,0	49 335
1890	28	3	9 271	139,3	62 393
1891	28	3	9 586	139,4	62 557
1892	28	3	9 599	139,9	55 062
1893	28	3	9 601	143,0	47 286
1894	28	3	9 453	143,6	41 813
1895	27	3	10 369	150,3	41 637
1896	27	3	10 467	153,1	47 108
1897	28	3	10 711	150,7	50 477

Blei (einschliesslich Kaufglätte).

Im Jahre	Zahl der Werke		Mittlere Belegschaft	Gewinnung	
	Haupt-betriebe	Neben-betriebe		Menge 1000 Tonnen	Werth 1000 Mark
1888	14	22	2 915	101,6	26 011
1889	14	20	2 976	104,5	26 512
1890	14	18	3 050	105,8	26 686
1891	13	18	2 983	98,7	24 056
1892	13	17	2 844	101,2	21 355
1893	13	17	2 702	98,2	19 210
1894	13	17	2 682	104,4	19 818
1895	14	16	2 799	114,5	23 041
1896	14	18	2 902	117,7	25 975
1897	13	19	2 731	122,2	29 495

Kupfer (einschliesslich Schwarzkupfer und Kupferstein).

Im Jahre	Zahl der Werke		Mittlere Belegschaft	Gewinnung	
	Hauptbetriebe	Nebenbetriebe		Menge 1000 Tonnen	Werth 1000 Mark
1888	9	13	3 098	22,0	31 069
1889	9	9	3 283	24,4	27 655
1890	9	10	3 495	25,2	29 147
1891	8	12	3 482	24,7	27 996
1892	9	10	3 616	25,4	24 857
1893	9	12	3 725	24,9	23 705
1894	9	11	3 673	26,4	21 978
1895	9	14	3 764	26,6	23 475
1896	9	14	3 968	29,9	29 330
1897	9	11	4 313	29,7	30 239

Silber.

Im Jahre	Zahl der Werke		Mittlere Belegschaft	Gewinnung	
	Hauptbetriebe	Nebenbetriebe		Menge kg	Werth 1000 Mark
1888	7	16	2 362	405 909	51 393
1889	7	15	2 451	402 395	50 740
1890	7	16	2 466	402 257	56 060
1891	7	15	2 504	443 841	58 377
1892	8	13	2 499	487 964	57 075
1893	8	14	2 517	448 092	46 948
1894	8	14	2 508	442 822	38 504
1895	7	15	2 288	391 979	34 403
1896	6	15	2 084	428 429	38 872
1897	7	13	2 351	448 068	36 381

Davon ist gewonnen:

Silber

	1896	1897
aus inländischen Erzen	183 252 kg,	171 048 kg
„ ausländischen Erzen . . .	200 053 „	241 812 „
„ in- und ausländischen Erzen, Rückständen nnd Abfällen .	45 124 „	35 208 „

Wie stellt sich die Sache nun?

Der Silberbergbau ist zweifellos zurückgegangen, die Silbergewinnung im Hüttenbetrieb dagegen nicht, sie hat sich vielmehr gehoben. Es ist eine grosse Einfuhr ausländischer Erze an die Stelle getreten, so dass die Silbergewinnung Deutschlands heute grösser ist als vor 10 Jahren. Der Verlust an den eigenen Erzen ist ja unzweifelhaft ein grosser, immerhin ist darauf aufmerksam zu machen, dass nur an den eigenen Erzen ein solcher Verlust stattfindet, da die ausländischen Erze nur unter Berücksichtigung des jeweiligen Silberpreises bezahlt werden.

Die Erzeugung von Kupfer, Blei und Zink hat nicht, wie es in der bimetallistischen Erklärung heisst, „überwiegend aufgehört," sondern ist bei allen dreien stark gestiegen, bei

Zink	von	133 200	Tonnen
	auf	150 700	„
Blei	von	101 000	„
	auf	150 700	„
Kupfer . .	von	22 000	„
	auf	29 700	„

also genau das Gegentheil der bimetallistischen Behauptung.

„Viele Tausende von Arbeitern werden brotlos, ganze Bezirke Deutschlands sind ruinirt!"

Es haben in den letzten 10 Jahren die Arbeiter

abgenommen in	um	zugenommen in	um
Zinkbergwerken . .	29	Zinkhütten	1 927
Bleibergwerken . .	2 741	Kupferhütten . . .	1 215
Kupferbergwerken .	144		
Silberbergwerken . .	2 159		
Bleihütten	184		
Silberhütten	11		
	5 268		3 142

Also in 10 Jahren eine Verminderung von 2000 Arbeitern. Und dazu dürfte auch das noch zuviel sein, da die Arbeiter in den Blei- und Silberbergwerken zum grossen Theil identisch sein dürften, der Abgang bei ihnen also nur einmal gezählt werden dürfte.

„werden brotlos!" An die Möglichkeit, in andere Bergwerksbetriebe überzugehen, scheinen die Unterzeichner der Erklärung nicht gedacht zu haben.

Es nahm zu die mittlere Belegschaft von 1888—97:[1])

in Braunkohlenbergwerken	von	29 630	auf	40 057	Mann
„ Steinkohlenbergwerken	„	**225 452**	„	**336 174**	„
„ Kalibergwerken . . .	„	5 475	„	8 580	„

Ob da wohl jene 2000 Arbeiter vielleicht im Kohlenbergbau Beschäftigung gefunden haben mögen? „Viele Tausende von Arbeitern werden brotlos, ganze Bezirke Deutschlands sind ruinirt!" — ein typisches Beispiel bimetallistischer Schreibweise!

9. „Eine sich nach Milliarden berechnende Entwerthung des Grund und Bodens tritt ein und bedroht namentlich die landwirthschaftlichen Kreise der östlichen Provinzen, während die grossen Städte und Industriecentren in ungesunder Weise anwachsen. Eine steigende Unzufriedenheit bemächtigt sich der Bevölkerung, wie sie sich in dem Anwachsen der Socialdemokratie und der schon von E. de Laveleye als Folge der Goldwährung vorhergesagten antisemitischen Bewegung zu Tage tritt."

[1]) **Statistisches Jahrbuch 1899 pag. 42.**

Es handelt sich hier um die gleichen Uebertreibungen wie vorher. Kein verständiger Mensch wird die Agrarkrisis der östlichen Provinzen bestreiten, nur hat man bislang immer angenommen, sie beruhte auf den zu hohen Güterpreisen im Verhältniss zu den zu niedrigen Productenpreisen. Aber dass der Grund und Boden entwerthet sei, dass die Güterpreise nennenswerth gesunken seien, hat man bisher noch nicht gehört. Eine Statistik für Preussen über die Güterpreise ist mir nicht bekannt; in Baden, wo eine Statistik existirt, zeigt dieselbe eine erhebliche Grundwerthssteigerung.[1])

Die Domänenpachtpreise sind freilich heruntergegangen, aber nicht, weil der Verkaufspreis des Grund und Bodens gesunken, sondern weil der Ertragswerth gesunken ist und die Regierung dem Rechnung getragen hat. Aber auch bezüglich des Rückganges der Domänenpachten ist darauf hinzuweisen, dass derselbe nur die natürliche Reaktion ist gegen unsinnige Steigerungen der Domänenpachtpreise in den 60er und 70er Jahren. Noch 1860 waren die Domänenpachten nur halb so hoch wie jetzt und auch der heutige Stand der Domänenpachten, selbst da, wo sie am meisten hinuntergegangen sind, ist immer noch höher als 1870.[2])

Der obige Satz von der „nach Milliarden zählenden Entwerthung“ hat sich bis jetzt also nicht bewahrheitet. Bei einer Bevölkerungszunahme von jährlich 800 000 Menschen, wie sie Deutschland in den letzten Jahren zeigt, ist es auch nicht wahrscheinlich, dass eine Entwerthung eintreten wird, zumal die Verhältnisse sich bereits gebessert haben.

Das Anwachsen der Städte, von dem die Erklärung sodann spricht, hat weder mit dem angeblichen Sinken des Grundwerths, noch mit der Goldwährung etwas zu

---

[1]) Handwörterbuch der Staatswissenschaften, Artikel: Agrarkrisis. I. Aufl. I. Supplementband, 2. Aufl. I. Bd.

[2]) cfr. Prof. J. Conrad, Agrarstatistische Untersuchungen. Jahrbücher für Nationalökonomie 1898 pag. 726 3. F. Bd. 15.

thun, sondern ist eine Folge der Industrialisirung Deutschlands. Die höheren Löhne der Industrie, das gewachsene Selbstbewusstsein, die Vergnügungen in den Städten, die Aussichtslosigkeit ihrer socialen Stellung, das sind die Gründe der viel beklagten Landflucht der Landarbeiter. Aber die Einführung des Bimetallismus würde an diesen Erscheinungen gewiss nichts ändern.

Die Socialdemokratie und ihr Wachsen als Folge der Goldwährung hinzustellen,[1]) wirkt um so lächerlicher, als Deutschland eine Arbeiterbewegung und die Anfänge der Socialdemokratie hatte, bevor es die Goldwährung hatte. Wenn das Anwachsen der Socialdemokratie wirklich in einer allgemeinen geschäftlichen Depression seinen Grund hätte, dann hätten die letzten Jahre einen Rückgang der Socialdemokratie bringen müssen. Bekanntlich ist das Gegentheil eingetreten. Für den Antisemitismus gilt das Gleiche, ich glaube, man darf zweifeln, dass er sich mit Einführung des Bimetallismus ändern würde.

10. „Die Entvölkerung des platten Landes bedeutet eine Schwächung der deutschen Wehrkraft. Für den Kriegsfall sind unsere finanziellen Vorbereitungen ganz ungenügende. Dass dies in allen andern Ländern mindestens ebenso der Fall ist, ist keine Beruhigung.“

Ueber die Gründe der „Entvölkerung des platten Landes“ habe ich mich ja soeben geäussert. Was die finanziellen Vorbereitungen für den Kriegsfall betrifft, kann man getheilter Meinung sein. Adolph Wagner[2]) beurtheilt für diesen Fall unsre Situation sehr ungünstig, Ströll[3]) hält dafür, dass Deutschlands Position in diesem Fall nicht ungünstig, dass „das deutsche Bank- und Münzsystem hinreichend tragkräftig und unter der Voraussetzung für den Kriegsfall einzurichtender Lombardkassen

---

[1]) Schippel, Die Währungsfrage und die Socialdemokratie 1896.

[2]) Adolph Wagner, Die neueste Silberkrisis und unser Münzwesen 1894.

[3]) Moritz Ströll, Ueber das deutsche Geldwesen im Kriegsfall. (Schmoller's Jahrbuch 1899 pag. 173 ff., 437 ff.)

auch genügend elastisch eingerichtet ist, um einer glücklich verlaufenden Kriegskrisis mit Erfolg die Stirne bieten zu können." — Ich glaube, man wird so sagen dürfen: Für den Fall eines unglücklichen Krieges giebt es überhaupt kein Geldwesen, welches den Anforderungen, die dann gestellt werden, genügen könnte. In dem Falle muss jeder Staat zu Papiergeld mit Zwangscurs greifen. Man braucht sich nur vorzustellen, dass die Kosten eines einjährigen Krieges bei unsern heutigen Heeren auf circa 5 Milliarden Mark geschätzt werden, für jede Partei notabene. Für den Fall eines glücklichen Krieges dürfte dagegen unsre Goldwährung in jeder Hinsicht ihre Schuldigkeit thun, wenn rechtzeitig die nöthigen finanzpolitischen Vorbereitungen, wie Ströll sie des Näheren bespricht, seitens des Finanzministers getroffen werden.[1])

Man mag aber zu der Frage stehen wie man will, der Schlusssatz der Erklärung ist in jedem Fall falsch. Denn dass „das in allen Ländern mindestens ebenso der Fall ist" ist für den Kriegsfall allerdings eine sehr grosse Beruhigung. Wenn ich mich mit meinem Gegner messe, kommt es nicht auf meine absolute Stärke an — die kann sehr gering sein —, sondern darauf, wie stark ich im Verhältniss zu ihm bin.[2])

11. „Unser Geldumlauf ist durch die Silberentwerthung schwer gefährdet. In Thalern, Silberscheidemünzen, Nickel und Kupfergeld ist nahezu eine Milliarde im Umlauf, deren innerer Werth 400 Millionen Mark wenig übersteigt. Hieraus entsteht die doppelte Gefahr einer Zerrüttung des Geldwesens in kritischen

---

[1]) cfr. Lotz, Die Ergebnisse der deutschen Silberenquete. (Schmoller's Jahrbuch 1895 pag. 206 ff.)

[2]) Wir sind übrigens in der glücklichen Lage, gewissermassen die Probe auf das Exempel machen zu können. Amerika, dessen Bankwesen und dessen Währungssystem im Punkte der Elastizität und Solidität mit den deutschen Einrichtungen nicht vergleichbar sind, hat den Krieg mit Spanien ohne die geringste Störung seines Goldstandard geführt. England führt momentan den Krieg mit Transvaal, ohne dass eine Erschütterung der englischen Goldwährung ernstlich in Frage käme. Es beweist das vielleicht am besten, dass die Goldwährung im Kriegsfalle nicht auf so schwachen Füssen steht, als die bimetallistische Erklärung glauben machen will.

Zeiten und betrügerischer Nachprägung von vollhaltigen Silbermünzen, welche von den staatlich geprägten nicht unterschieden werden können und bei der jetzigen Silberentwerthung einen riesigen Gewinn lassen. Umfangreiche Falschprägungen sind im Auslande bereits festgestellt."

Es handelt sich auch hier wieder um Uebertreibungen. Zunächst ist der Nickel- und Kupferumlauf aus der Berechnung auszuscheiden. Es ist das die nothwendige Scheidemünze, die jedes Land braucht, die jeder Staat unterwerthig prägen muss und die mit der Silberentwerthung nichts zu thun hat.

Zieht man denselben ab, so stellt sich die Sache wie folgt:

Deutschland hat, für 1896[1]) berechnet, einen Umlauf von

1. Thalern	380	Millionen Mark
2. Reichssilbermünzen	490	„ „
in Summa	870	Millionen Mark,

die nach dem heutigen Silberpreis einen Werth von etwa 370 Millionen Mark repräsentiren. So wenig ein so stark unterwerthiger Umlauf den theoretischen Anforderungen entspricht, wäre meines Erachtens in ihm eine Gefahr für das deutsche Geldwesen doch nicht zu erblicken. Gerade in Kriegszeiten würde das Hartgeld und würden die Thaler uns voraussichtlich zu statten kommen, jedenfalls so lange nicht der Credit Deutschlands im eigenen Land gänzlich erschüttert ist. Unser Silberumlauf hält sich zudem in so angemessenen Grenzen und unsere ganze monotäre Situation hat sich in den letzten 20 Jahren so gekräftigt,[2]) dass eine „Zerrüttung des Geldwesens in kritischen Zeiten" wohl nur durch einen unglücklichen Krieg in Frage kommen könnte, dem aber kein irgendwie geartetes Geldwesen gewachsen ist. Neuerdings ist übrigens bekanntlich seitens der Reichsregierung der Entwurf

---

[1]) cfr. Helfferich, Beiträge zur Geschichte der deutschen Geldreform pag. 491.

[2]) Goldbestand

Ende 1879 . .	1 529	Millionen Mark	= 62,5	Procent des Umlaufs.
„ 1896 . .	2 940	„ „	= 75,9	„ „ „

cfr. Helfferich, Beiträge pag. 491.

einer Novelle zum Münzgesetz vorgelegt worden, nach welchem 200 Millionen Mark in Thalern eingezogen und in Scheidemünze umgeprägt werden sollen. Damit wird also ein weiterer Schritt gethan, um die bimetallistischerseits gerügte Schwäche der deutschen Währung endgiltig zu beseitigen.

Die Gefahr der sogenannten „echten Nachprägung“ ist auch eine mehr theoretische; in Deutschland sind bisher erhebliche Fälle nicht constatirt und sie würden sicher constatirt sein, wenn sie in grossem Umfang vorgekommen wären. Die Arendt'sche Annnahme, dass das geschehen sei, ist bisher durch nichts erwiesen.[1][2]

12. „Alle diese Uebelstände führen zeitweise zu Krisen, welche Störungen des Handels durch Disconterhöhungen zum Schutze des Goldes herbeiführen, das alle Banken ängstlich hüten und durch Einsperrung dem Verkehr entziehen.“

Dass die Handelskrisen seit Einführung der Goldwährung häufiger geworden wären, ist wohl nicht richtig, jedenfalls sind sie in Goldwährungsländern nicht häufiger als in anderen, und die für sie massgebenden Factoren sind fast nie münzpolitischer Natur.

Was die Disconterhöhungen betrifft, so ist es eine anscheinend nur den Bimetallisten unbekannte Thatsache, dass der Discont in den einzelnen Ländern nach 1873 durchschnittlich niedriger gewesen ist, als in der „Doppelwährungszeit“ vorher. Ich verweise auf die bekannten Tabellen in den Soetbeer'schen Materialien.

Nach Perioden berechnet, stellte sich der durchschnittliche Discont[3])

	Bank von England	Bank von Frankreich	Preussische bezw. Reichsbank
		Procent	
1850—1860	4,12	4,16	4,39
1861—1865	4,90	4,63	4,47
1866—1870	3,62	3,07	4,67
1871—1875	3,75	4,86	4,50
1876—1880	2,87	2,65	4,17
1881—1885	3,43	3,34	4,23

[1]) Arendt, Drucksachen der Silbercommission Nr. 15.

[2]) Lotz, l. c. pag. 201 ff., 1291 ff.

[3]) Soetbeer, Materialien, 2. Aufl. pag. 78.

für die einzelnen Jahre seit 1880 im Durchschnitt[1])

	Bank von England	Bank von Frankreich	Reichsbank
		Procent	
1880	2,75	2,75	4,25
1881	3,38	3,83	4,42
1882	4,08	3,71	4,54
1883	3,57	3,07	4,05
1884	2,96	3,00	4,00
1885	3,00	3,00	4,12
1886	3,02	3,00	3,28
1887	3,30	3,00	3,41
1888	3,31	3,30	3,32
1889	3,61	3,13	3,68
1890	4,51	3,00	4,52
1891	3,30	3,00	3,78
1892	2,45	2,70	3,20
1893	3,05	2,50	4,07
1894	2,00	2,50	3,12
1895	2,00	2,10	3,14
1896	2,98	2,00	3,66
1897	2,62	2,00	3,87

Was die gegenwärtige Höhe des Disconts von 7 Procent betrifft, so wurde bereits oben dargelegt, dass es nicht Goldmangel ist, welcher den augenblicklichen Zustand herbeigeführt hat, sondern eine zu stürmische Entwicklung des deutschen Wirthschaftslebens im Zusammentreffen mit Störungen des Geldmarkts durch den Transvaalkrieg. Bisher ist sonst England, das einzige reine Goldwährungsland, das Land des niedrigsten Disconts gewesen. Weshalb bei uns der Discont höher sein muss als in England und Frankreich und es bei jeder Regelung unserer Währung sein müsste, ist oft genug erörtert worden. Wir haben weder den Capitalreichthum von Frankreich noch von England und haben überdies eine sich rapide entwickelnde Industrie, während die englische Industrie älter ist und daher sich ruhiger entwickelt und die französische stagnirt. Bei geringerem Geldangebot ist die Geldnachfrage in Deutschland grösser und der Leihpreis des Geldes muss deshalb höher sein. Im Uebrigen haben die

[1]) Helfferich, Beiträge pag. 428.

in Betracht kommenden Banken Gold für den Export dauernd hergegeben und ihre Noten stets eingelöst; die Erklärung redet deshalb zu Unrecht von „Einsperrung des Goldes".

13. „Eine weitere Verschärfung aller dieser Uebelstände ist unbedingt zu erwarten, da jedes Land den Versuch machen muss, zur Goldwährung zu gelangen, wenn Deutschland und die übrigen Grossmächte an der Goldwährung festhalten. Der moderne Verkehr kann dauernd die Währungsunterschiede, die Trennung der Welt in Gold- und Silberländer nicht ertragen. Jede weitere Ausbreitung der Goldwährung aber, das hat Goschen bereits 1878 vorausgesagt, muss zu einer Wirthschaftskrisis führen, wie sie die Welt noch nicht erlebt hat."

Das genaue Gegentheil der hier ausgesprochenen Prophezeiungen ist eingetreten.[1]) Eine ganze Reihe von Staaten ist inzwischen zur Goldwährung übergegangen und die prophezeite Krisis ist nicht eingetreten. Im Gegentheil, diese Ausdehnung der Goldwährung ist zeitlich begleitet gewesen von einem ungeheuren Aufschwung der Industrie der Goldwährungsländer, der wieder zusammenfällt mit dem dauernd tiefsten Stand des Silberpreises. Es sind das lauter Thatsachen, die der bimetallistischen Lehre ins Gesicht schlagen. Die Theilung der Welt in Gold- und Silberländer besteht, freilich wohl kaum in dem Sinne, wie ihn Süss in der „Zukunft des Silbers" auffasst.[2]) Denn mit Indiens Uebergang zur Goldwährung werden die hauptsächlichen Handelsnationen der Erde, mit Ausschluss von China und Mexico, ein grosses Gebiet thatsächlicher Goldwährung bilden. Die Goldwährung ist damit an die Grenzen ihrer Ausdehnung gelangt. Sollte China dem Vorbilde Indiens folgen wollen, was bei China's viel geringerer wirthschaft-

---

[1]) Am krassesten tritt dies Fiasco der bimetallistischen Theorie hervor bei einer Lectüre der Arendt'schen Broschüre aus dem Jahre 1893: „Das goldene Zeitalter Ludwig Bamberger's, eine Währungsschrift aus dem 20. Jahrhundert."

[2]) Süss, Die Zukunft des Silbers 1892 pag. 197 ff.

licher Entwicklung wohl noch gute Wege hat, dann könnte es sich im Wesentlichen auch immer nur um Goldrechnung oder eine sehr stark hinkende Goldwährung handeln, deren Wirkungen auf Europa kaum übermässige sein dürften. Dass gegenwärtig aus dieser Sachlage eine Gefahr für Europa nicht resultirt, habe ich oben darzulegen versucht. Ob in Zukunft, bei einer Abnahme der Goldproduction, diese Verhältnisse eine Gefahr in sich bergen, darüber werde ich mich im letzten Abschnitt noch äussern.

Damit wäre im Grossen und Ganzen die Liste der bimetallistischen Anklagen gegen die Goldwährung erschöpft.

Ich möchte aber im Anschluss an diese Erörterungen noch auf eine Frage eingehen, die vor nicht langer Zeit Europa in Athem hielt — und die auch Wilmanns in seinem Buche berührt — auf die Frage, wie die Sache sich gestalten würde, wenn die Vereinigten Staaten von Amerika unter die Herrschaft des Bryanismus geriethen und zur freien Silberprägung übergingen.[1]) Zur Zeit ist das zwar wohl nicht mehr zu befürchten.[2]) Der Uebergang weiterer Staaten zur Goldwährung und die Verbesserung der allgemeinen wirthschaftlichen Lage in den letzten Jahren haben zur Bekämpfung des Bryanismus mehr gethan als alle Anstrengungen der Goldwährungsfreunde. Aber selbst wenn es wider Erwarten geschehen sollte, bin ich der Ansicht, dass alsdann, wenn es zu Repressalien kommen sollte, Europa keineswegs der schwächere Theil ist. Die Vereinigten Staaten sind nicht der einzige Brodlieferant Europas. Russland und Argentinien, Indien und Ungarn würden dann mehr zur Getreideversorgung herangezogen

---

[1]) Wilmanns, Die Goldwährung zu Anfang 1898 pag. 78.

Prager, Die Währungsfrage in den Vereinigten Staaten von Nordamerika 1897 pag 399 ff.

M. v. Brandt, Der Währungs- und Wahlkampf in den Vereinigten Staaten von Amerika 1896.

Taussig, The silver situation in the United States 1893 pag. 91 ff.

Süss, Die Zukunft des Silbers pag. 192 ff.

Lexis, Freie Silberprägung in Amerika in der „Zukunft" vom 17. Oct. 1896.

[2]) cfr. „The new Currency law in the United States" in Banker's Magazine 1900, Januarheft pag. 92.

werden, abgesehen von der Ausdehnungsfähigkeit des Getreidebaues in Deutschland selbst bei hohen Preisen. Nach der Ansicht vieler Kenner werden wir ja in etwa 30 Jahren überhaupt mit dem Versiegen der nordamerikanischen Zufuhren zu rechnen haben. Dagegen ist umgekehrt sicher, dass die Vereinigten Staaten mit dem Uebergang zur freien Silberprägung sofort den offnen Staatsbankrott mit seinen unabsehbaren Folgen für das gesammte Erwerbsleben herauf beschwören würden, eine Krisis, die Amerikas Industrie wohl für lange Zeit lahmlegen würde. Europa würde bis zu einem gewissen Grade den amerikanischen Markt verlieren, aber das ist eine Thatsache, mit der in vielen Branchen ohnehin schon seit einiger Zeit zu rechnen ist, und auf die Europa im Begriff steht, sich einzurichten. Ich glaube, die schwarzen Prophezeiungen von Wilmanns würden sich für Europa in keiner Weise bewahrheiten.

3. Modificationen der Goldwährung.

Wenn auch vorstehend die Anklagen der Bimetallisten gegen die Goldwährung für die Gegenwart zurückgewiesen sind, so erhebt sich doch die Frage, ob nicht für die Zukunft, wenn die Goldproduction später abnehmen wird, die heutigen Goldwährungssysteme sich werden modificiren müssen und in welcher Weise.

Nach Lage der Productionsverhältnisse muss man, falls nicht die Entdeckung neuer Goldgebiete das Bild abermals wesentlich ändert, annehmen, dass etwa in 50 Jahren eine dauernde Abnahme der Goldproduction einsetzen wird, und in irgend einer Weise werden die Goldwährungsländer zu der Thatsache Stellung nehmen müssen. Hält sich die Production aber bis dahin in der jetzigen Höhe, so wird sich der Goldbestand der Welt nach einer Mindestschätzung auf 47, sagen wir rund 50 Milliarden erhöht haben.[1]) Auf der Grundlage eines solchen monetären „Stock" werden aber die Handelsnationen alsdann auch mit geringeren Zuwachsraten ihres Metallbestandes auszukommen in der Lage sein.

Sodann wird der weitere Ausbau der Bank- und Zahlungstechnik in Frage kommen, nach dem Vorbild des englischen Check- und Clearinghouse-Verkehr, dem Deutschland mit seinem Giroverkehr und seinen Abrechnungsstellen bereits gefolgt ist.[2])

Es sind das Modificationen, die das Währungssystem selbst nicht berühren; es fragt sich, ob auch Aenderungen des Goldwährungssystems selbst geschehen können, ohne dass damit Gefahr für die Solidität der Währung ver-

---

[1]) Der Goldvorrath der Welt betrug 1897 etwa 17 Milliarden Mark, die jährliche Production ist mit etwa einer Milliarde zu rechnen. Nimmt man für die nächsten Jahre auch nur eine Production von 40 Milliarden an und zieht man noch 10 Milliarden für industrielle Verwendung ab, so ergiebt sich in 50 Jahren ein monetärer Goldstock von 47 Milliarden.

[2]) Die Einrichtung des Postcheckverkehrs wird ein weiterer Schritt auf diesem Wege sein.

bunden wäre. An allerhand kühnen Aenderungsplänen, die zumeist in der Richtung auf Ausbildung einer Papierwährung und internationalen Papiergeldes tendiren, hat es nicht gefehlt, doch sind diese Pläne alle mehr oder minder anfechtbar.[1]) Die Grundtendenz dieser Zukunftspläne ist jedoch richtig, und ich glaube mit Lexis, dass, wenn die Zeit der dauernden Abnahme der Goldproduction gekommen sein wird, die Goldwährungsstaaten nicht zur freien Silberprägung zurückkehren werden, sondern dass sie die alsdann nothwendigen Ergänzungen der Goldwährung vornehmen werden in der Richtung eines rationellen Ausbaues des Papiergeldumlaufs[2]) und eines internationalen Clearingsystems, etwa im Sinne der Vorschläge von S. Wolff.[3])

Die Gegner der Goldwährung stellen die Frage hin als ein entweder — oder; entweder die reine Goldwährung, oder wenn das unmöglich ist — dann Doppelwährung. Es ist gar keine Veranlassung, sich dadurch etwa in einen gewissen Goldradikalismus hineintreiben zu lassen. Auf theoretische Schönheitsfehler kommt es bei einer Währung nicht an, sondern darauf, dass sie in der Praxis gut functionirt. Und die Erfahrungen der letzten Jahrzehnte haben gelehrt, dass selbst recht buntscheckige Währungssysteme gut functioniren, so lange es sich nicht um international stark verschuldete Staaten handelt, denen aber mit der Währungspolitik überhaupt wenig zu helfen ist.

Wenn daher Stellung zu nehmen ist zu der Frage, für welches Währungssystem die heute lebende Generation sich entscheiden soll, so bin ich nach allem vorstehenden der Ansicht: für Deutschland die Goldwährung, und wenn es auch nur die hinkende ist. Der Bimetallismus würde

---

[1]) Es ist zu nennen:

Heyn, Papierwährung und Goldreserve für den Auslandsverkehr 1897.

Oscar Parnes, Internationales Papiergeld, 2. Aufl. 1895.

Hertzka, Golwährung mit Papierumlauf 1895.

[2]) Lexis, Das Papiergeld der Zukunft, Jahrbücher für Nationalökonomie 3. F. Bd. 8 pag. 64.

[3]) J. Wolff, Verstaatlichung der Silberproduction und andere Vorschläge zur Währungsfrage 1892.

gerade dann, wenn die Abnahme der Goldproduction einsetzte, sich nicht halten lassen und in die reine Silberwährung zurückführen, — ein Nachtheil, dem kein äquivalenter Vortheil gegenüberstände. Dass die Beibehaltung der Goldwährung zu einer Goldvertheuerung später bei Abnahme der Goldproduction führen kann, glaube ich nicht, wenn unser Papiergeld und Banknotenumlauf auf der dann breiteren Goldbasis in rationeller Weise ausgedehnt wird.

Die Stellung zu der Währungsfrage, die der Anhänger der Goldwährung heute einzunehmen hat, ist eine bis zu einem gewissen Grade resignirte und nüchterne. Es sind nicht alle Träume in Erfüllung gegangen, die man in den 60er Jahren träumte. Aber die grössere Nüchternheit, mit der wir heute der Frage gegenüberstehen, ist für eine sachlich richtige Beurtheilung der Frage sicher von Vortheil. Goldwährung und Doppelwährung sind nicht Principien-, sondern Zweckmässigkeits-Fragen, sie haben beide ihre Vortheile und ihre Nachtheile. Je nachdem, wie man diese bewerthet, wird man sich für die eine oder die andere entscheiden. Die bessere Lage unserer Industrie und die Besserung der Weltmarktspreise für landwirthschaftliche Producte in den letzten Jahren, die man auch für die Zukunft zu erhoffen berechtigt ist, werden der Frage viel von ihrer Actualität nehmen, indem sie den practischen Nachweis erbringen, dass Landwirthschaft und Industrie mit der Goldwährung auszukommen vermögen. Mag man sagen wegen oder trotz der Goldwährung, jedenfalls datirt die grossartige Entwicklung unserer Industrie ebenso wie die technische Entwicklung des Landwirthschaftsbetriebs, wie überhaupt die Entwicklung Deutschlands zur wirthschaftlichen Grossmacht seit den 70er Jahren, — immerhin ein Beweis, dass die Goldwährung diesen gewaltigen Aufschwung zum mindesten nicht verhindert hat. Ich glaube, Deutschland kann im gesicherten Besitz der Goldwährung der Zukunft ruhig entgegensehen.

II.

Die „Vorzüge“ des Bimetallismus.

Die Bimetallisten, welche die eben behandelten kritisch-negativen Anklagen gegen die Goldwährung formulirten, gaben ihrer Erklärung aber auch einen positiven Gehalt und legten fest, was sie von der Einführung des internationalen Bimetallismus erwarten zu dürfen glaubten.

Diesen positiven Theil der Erklärung, der heute beinah nach interessanter ist als der kritische will ich nun meinerseits einer Antikritik unterziehen.

Obgleich nur 6 Jahre seit jener Erklärung verflossen sind, ist dieser Theil durch die thatsächliche Entwicklung der Productionsverhältnisse, sowohl des Silbers wie des Goldes in einer Weise widerlegt worden, die ungemein lehrreich dafür ist, wie vorsichtig man auf dem Gebiet der Währungsfrage mit Prophezeiungen irgend welcher Art sein muss.

Die Grundlage der Kritik des positiven Theils muss die Productionsstatistik von Gold und Silber bilden, denn aus ihr ist ein grosser Theil der Argumente gezogen, welche die Bimetallisten für den Beweis der Lebensfähigkeit eines internationalen Bimetallismus verwenden.

Ich gebe die Zahlen nach dem französischen Rapport von 1899.

Weltproduction von

	Gold kg	Silber kg
1890	178 821	3 921 935
1891	196 577	4 226 427
1892	220 653	4 763 479
1893	236 968	5 146 695
1894	272 607	5 121 017
1895	299 072	5 210 942
1896	305 692	5 232 021
1897	358 090	5 696 110
1898	438 000 (?)	5 909 000 (?)

Hier interessirt die Entwicklung der Silberproduction zunächst noch mehr als die der Goldproduction. Sie zeigt mit Ausnahme des einen Jahres 1894, welches einen Rückgang von 25 000 kg aufweist, eine grade, steilaufsteigende Entwicklungslinie. Auf diese eine Abnahme, die total vereinzelt geblieben ist, ist aber die positive Hälfte der bimetallistischen Erklärung zum grossen Theil aufgebaut, aus ihr wird abgeleitet, dass „nicht eine Zunahme, sondern eine Abnahme der Silberproduction gegenwärtig in Aussicht steht", also eine „Ueberfluthung mit Silber" ausgeschlossen ist. Damit wären wir bei der Frage der Inflation. Hören wir die Erklärung:

III. „Dem gegenüber (das heisst den geschilderten mit der Goldwährung verknüpften Uebelständen gegenüber) *kann nur die Wiedereinsetzung des Silbers als gleichberechtigtes Münzmetall neben dem Gold Abhilfe bringen.*

Hiervon versprechen wir uns folgende wohlthätige Folgen:

1. Dem anhaltenden Fallen aller Preise würde Einhalt gethan werden, die Preisbildung für alle Producte würde sich wieder unter normalen Verhältnissen vollziehen, Landwirthschaft und Industrie würden einen neuen Aufschwung erfahren.

Die Befürchtungen bezüglich Geldentwerthung, Inflation, Schädigung der Gläubiger beruhen auf Uebertreibungen. Der Ueberschuss der Gold- und Silberproduction über den industriellen Bedarf u. s. w. ist bei internationaler Doppelwährung gegenüber dem gestiegenen Verkehr, der gewachsenen Bevölkerung, dem Anschluss immer weiterer Ländergebiete an die Kulturwelt, höchstens den Bedarf deckend und verhältnissmässig erheblich niedriger, als die Edelmetallausbeute der fünfziger und sechziger Jahre, welche damals wirthschaftlich segensreich und keineswegs schädigend einwirkte.“

Der erste Absatz geht aus von dem Gesichtspunkt der Goldwerthsteigerung, der im ersten Theil dieser Schrift bereits als falsch nachgewiesen ist. Ich übergehe ihn deshalb und wende mich direct zum zweiten.

Und da glaube ich — im Gegensatz zu Lexis — dass man den Bimetallisten eine Concession machen kann. Ich glaube die Befürchtungen einer Inflation sind doch nicht so begründet, wie es angesichts der grossen Zahlen scheinen möchte. Ich sage dies, obgleich gegen 1894 die Jahres-Silberproduction noch um beinahe eine Million Kilo zugenommen hat. Das Gebiet, um das es sich handelt, ist so gross, die Bevölkerung der Erde in so starkem Wachsen begriffen, dass auch sehr hohe Zuwachsraten von Münzmetall das Bedürfniss kaum wesentlich übersteigen dürften. Heute, wo der Münzbedarf an Silber seitens der grossen Staaten auf das Aeusserste eingeschränkt wird, wo wir mitten in der grossen Goldwährungsbewegung stehen, findet die Silberproduction ohne Schwierigkeiten Absatz. Wir haben bisher nirgends Anhäufungen von Beständen. Das zeigt, dass die Consumtionsfähigkeit, insbesondere Asiens, für Silber doch eine grössere ist, als man geschätzt hat. Wenn nun auch die Zuwachsraten von Gold bedeutend gestiegen sind — von etwa 50 000 Kilo im Jahre 1883 auf 350 000 Kilo im Jahre 1898 — so ist doch nicht zu vergessen, dass sich in dieser Zeit auch das Gebiet der Goldwährung etwa versiebenfacht hat.

Ein grosser Theil dieser Länder, wie Russland, Oesterreich, Indien, Argentinien, Chile, Italien, Griechenland bedürften, auch bei Bimetallismus noch für lange Zeit grosser Metallzuwachsraten zur Stärkung ihrer Circulation. Selbst eine jährliche Zuwachsrate von etwa

	350 000 kg Gold	= ca. Mk.	980 000 000
und	5 000 000 „ Silber	= „ „	900 000 000
(zum alten Silberwerth)			
		in Summa Mk.	1 880 000 000

also von ca. 1 Milliarde und 900 Millionen jährlich, eine

Ziffer, die freilich alles frühere weit hinter sich lässt, erscheint mir nicht als so bedenklich, angesichts der Erfahrung, dass wir heute bei einer Zuwachsrate von etwa 1 Milliarde und 400 Millionen jährlich, keinerlei Spuren einer metallischen Uebersättigung bemerken. Ich würde selbst bei einer Steigerung der obigen Zuwachsrate von 1 900 000 000 jährlich, — notabene für die ganze Kulturwelt — noch nicht die Gefahr einer Inflation, d. h. einer künstlichen Entwerthung des Geldes befürchten, auch nicht in dem Sinne, wie Lexis es auffasst, dass eine derartige Geldvermehrung zu einer Ueberreizung von Production und Speculation und dadurch zu einer grossen Wirthschaftskrisis führen müsste. Auch die heutige monetäre Metallzuwachsrate ist ungefähr 3fach so hoch wie die in den 70er Jahren und etwa doppelt so hoch, als sie Lexis noch im Jahre 1894 für den Fall des Bimetallismus berechnete; und doch befinden wir uns weit entfernt von dem Zustand, — etwa mit Ausnahme von Frankreich —, dass wir sagen könnten: wir sind mit Metall saturirt. Die Aufnahmefähigkeit von Metall, sowohl der alten wie der neuen Kulturländer, wird m. E. von den Anhängern der Goldwährung bedeutend unterschätzt.

Unter diesem Gesichtspunkt der Geldentwerthung halte ich in der That auch die Befürchtung einer Schädigung der Gläubiger durch Bimetallismus für Uebertreibung und ich kann dem, was die bimetallistische Erklärung in Absatz 2 sagt, im Grossen und Ganzen beitreten.

Punkt 2 der Erklärung lautet nun:

2. „Bei steigenden Preisen steigt die Unternehmungslust und damit der Zinsfuss, wodurch dem Kapital ein Vortheil erwachse, welcher eine etwaige Verminderung der Kaufkraft des Geldes ausgleicht. Die Staatseinnahmen wachsen und erlauben Erhöhung der Beamtengehälter. Der allgemeine Aufschwung vermehrt die Arbeitsnachfrage und verbessert die Lage der arbeitenden Klassen.“

Ich möchte sagen: dieser Absatz ist durch die Entwickelung der letzten 6 Jahre völlig überholt. Alles, was hier als segensreiche Folge des Bimetallismus angepriesen wird, ist bereits eingetreten. Die Preise sind gestiegen, eine stärkere Steigerung der Unternehmungslust als sie bereits erfolgt ist, könnte Deutschland garnicht ertragen. Der Zinsfuss ist gestiegen, die Staatseinnahmen sind in ganz unvorhergesehenem Masse gewachsen, unsere Zölle und Eisenbahnen, die Einkommensteuer haben Erträge geliefert, wie sie vor 10 Jahren noch niemand für möglich gehalten hätte. Die Beamtengehälter sind erhöht worden und in den Industriebezirken herrscht Arbeitermangel.

Und das alles unter der bösen Goldwährung!

Nicht viel besser steht es mit No. 3 der Erklärung:

3. „Den Ländern mit unterwerthiger Valuta würde durch die Möglichkeit, ihr Papiergeld auch mit Silber zu decken, ihre Zinsen auch in Silber zu zahlen die Ordnung ihrer Finanzen erleichtert oder überhaupt erst ermöglicht. Die Valutaschwankungen würden Handel und Industrie nicht länger schädigen, ein lebhafter Export deutscher Industrieerzeugnisse nach den Silberländern (Ostasien, Mexiko, Südamerika) würde sich entwickeln und gleichzeitig würde die Kaufkraft der heimischen, landwirthschaftlichen Bevölkerung wieder hergestellt.“

Der erste Satz dieser Nummer steht in gröblichem Widerspruch mit dem Sinn der bimetallistischen Theorie. Wird Silber durch den Bimetallismus wieder vollwerthig, dann ist, — wie von unsrer Seite schon oft hervorgehoben ist — nicht abzusehen, weshalb dann die Möglichkeit, Papiergeld mit Silber zu decken, den Ländern mit Papiervaluten eine Erleichterung gegen den jetzigen Zustand geben soll. Schenken thut ihnen das Silber niemand und Silberschulden aus Silberanleihen sind dann bei der Werthconstanz des Silbers ebenso drückend wie heute Goldschulden. Also dies Argument ist falsch.

Was die Valutaschwankungen betrifft, so ist durch den Uebergang der hauptsächlichsten Silberländer zum Goldstandard diese Frage schon jetzt unter der Goldwährung gelöst worden. Wo dies noch nicht der Fall ist hat sich trotzdem, ausweisslich der Statistik, unser Export nach den Silberländern in gesunder Weise entwickelt. Die Kaufkraft der heimischen landwirthschaftlichen Bevölkerung schliesslich ist von dieser Frage gänzlich unabhängig — denn Indien, auf das diese Stelle der Erklärung hauptsächlich gemünzt ist, zählt als Getreideimporteur nach Deutschland überhaupt nicht mehr und kann mit seinem an sich geringen Weizenexport den Weltmarktpreis von Weizen wohl kaum beeinflussen. — Die Prophezeiungen dieser Nummer sind also zum Theil nachweisbar unrichtig, zum Theil durch die Entwickelung der Verhältnisse bereits im entgegengesetzten Sinne erledigt.

Das Gleiche lässt sich von der nächsten No. 4 sagen:

4. „In einer Periode des allgemeinen Aufschwunges würde die agrarische, antisemitische und socialdemokratische Bewegung ihre Bedeutung einbüssen und die zunehmende Verschärfung der inneren politischen Gegensätze aufhören.“

Ueber die Geschmacklosigkeit dieser Behauptung habe ich mich bereits im ersten Theil dieser Schrift geäussert. Die letzten 5 Jahre der Industrieblüthe haben sie so glänzend widerlegt, dass es wirklich keines weiteren Wortes bedarf. Die Absicht, den Bimetallismus auf diese Weise gewissermassen als Schützer von Thron und Altar zu drapiren, kann wirklich nur das Gefühl einer stillen Heiterkeit hervorrufen.

Ich komme damit zu Punkt 5, dem Kernpunkt der Erklärung, von dessen Richtigkeit die Frage des Bimetallismus überhaupt abhängt.

5. „An Stelle des jetzt thatsächlich doppelten Werthmessers im Weltverkehr (Einzelwährungen in Gold oder Silber in den verschiedenen Ländern) würde ein einheitlicher Werthmesser treten, indem Gold und Silber durch die Festlegung des Werthverhältnisses zu einer Einheit zusammenwüchsen. Dass diese Festlegung des Werthverhältnisses thatsächlich möglich ist, beweist die Geschichte; denn es hat 1803—1873 durch die französische Doppelwährung bestanden. Dass es möglich ist, durch internationale Vereinbarung der Haupthandelsvölker ein praktisch unveränderliches Werthverhältniss zwischen Silber und Gold einzurichten, hat nach langer Untersuchung die in England eingesetzte Währungs-Enquete 1888 einstimmig anerkannt.“

Diese Ausführungen sind, wie Lexis[1]) bereits 1894

[1]) Lexis in den Verhandlungen der Silbercommission. Amtliche Ausgabe Bd. I pag. 197 und Bd. II. Drucksachen No. 26.

in der Silbercommission meisterhaft nachgewiesen hat, falsch für die Vergangenheit und nicht anzuerkennen, soweit es sich um die Prognose der Möglichkeit des Bimetallismus für die Zukunft handelt.

Falsch für die Vergangenheit weil, wie Lexis gezeigt hat, der Marktwerth der Edelmetalle in jener Zeit dauernd von dem in dem französischen Münzgesetz festgelegten Werthverhältniss von $1 : 15^1/_2$ abgewichen ist. Es hat in Frankreich bis 1850 ein Agio auf Gold bis zu 3 Procent gegeben, so dass Gold aus dem Umlauf völlig verschwunden war. Nach den californischen Goldfunden schlug das Verhältniss um, es trat ein Agio auf Silber ein bis zu 3 Procent, so dass sogar die französische Scheidemünze exportirt wurde, und die französische Regierung sich genöthigt sah, die Legirung der Scheidemünze von $^{900}/_{1000}$ auf $^{835}/_{1000}$ herabzusetzen. So hat die gesetzliche Festlegung des Werthverhältnisses der Edelmetalle im französischen Münzgesetz thatsächlich nie vermocht, dies Werthverhältniss auch auf dem Markt zu fixiren, sondern es haben sich in dieser Zeit in Frankreich gerade diejenigen Schwankungen gezeigt, welche die Anhänger der Goldwährung dem System der Doppelwährung vorwerfen. Wie liegt die Frage aber für die Zukunft?

Eins der Hauptaxiome des Bimetallismus ist das baldige Versiegen der Goldproduction und zwar in rapider Abnahme, wie es von Süss proklamirt von Arendt hundertfältig variirt worden ist und auch in der bimetallistischen Erklärung Aufnahme gefunden hat. Es ist überdies richtig, dass wir in etwa 50 Jahren mit einer Abnahme der Goldproduction zu rechnen haben.

Kann man nun ein Währungssystem auf eine feste Relation zwischen 2 Metallen stützen, von denen eines in kürzester Zeit sich in rapider Abnahme befinden soll? — Der gesunde Menschenverstand muss „nein" sagen, muss zugestehen, dass ein derartiges Währungssystem nothwendig zu einem Agio desjenigen Metalls gegenüber dem festen Werthverhältniss führen muss, dessen Production so rapide und bedeutend abnimmt. Es ist dieses m. E. der Angelpunkt der ganzen Frage und ich sehe nicht wie bimetallistischerseits diesem Argument ernstlich zu entgegnen ist. Dass dieses selbe Argument nicht gegen die Goldwährung gewendet werden kann, haben wir im ersten Theil gesehen. Die Goldwährung ist unabhängig von einem festen Pari zwischen Gold und Silber und deshalb überhaupt unabhängiger von dem Marktwerth ihres Währungsmetalls. Selbst ein Steigen oder Fallen des Goldwerthes erschüttert bei der Goldwährung nicht das System, bei dem bimetallistischen System bewirkt jede Veränderung gegen die gesetzliche Relation nothwendig eine Erschütterung der gesammten Valuta. Solange darum der obigen Frage nicht eine überzeugende Antwort gefunden wird, ist der Bimetallismus für den ruhigen Rechner undiskutabel. Gold und Silber haben eben nicht nur einen Münzpreis und Münzwerth, sondern auch einen Waarenpreis und Waarenwerth, der sich, abgesehen von andern Factoren, mit der Veränderung der Productionsverhältnisse und von Angebot und Nachfrage ändert.

Freilich, wenn heute unter internationalem Bimetallismus der Münzpreis von 60,84 d per Unze Silber durch die internationale Münzgesetzgebung dictirt würde, dann trage ich gar kein Bedenken, den Bimetallisten im vollen Masse zu concediren, dass dieser Münzpreis für Silber die unterste Grenze darstellen würde, unter der kein Besitzer von Silber dies verkaufen würde. Handelte es sich nur um die Hebung des Silberpreises, so wäre an dem Erfolg des Bimetallismus kaum zu zweifeln, denn ein Disagio des Silbers ist bei internationaler Doppelwährung ebenso undenkbar, wie ein Disagio des Goldes bei Goldwährung. Der Münzpreis ist bei jeder Währung die untere Preisgrenze desjenigen Metalls, auf welches die Währung basirt ist — bei Doppelwährung also die untere Preisgrenze beider Metalle.

Aber die Hebung des Silberpreises ist garnicht der Kernpunkt der Frage. Der Kernpunkt ist der: Lässt sich die gesetzlich fesgelegte Relation durchführen? Und darauf ist zu antworten: nein; die Metalle haben in dem Münzpreis eine untere Preisgrenze, aber keine obere. Stimmt der Marktwerth des Goldes mit dem gesetzlichen

Werth nicht überein, so hindert nichts das Steigen des Goldpreises, das Agio, und damit das Verschwinden des Goldes aus der Circulation. Denn jeder verkauft das Gold so theuer, wie er kann. Werthsteigerungen eines Metalls zeigen sich bei Bimetallismus durch Agio dieses Metalls, Werthverminderungen durch Agio des anderen Währungsmetalls, niemals durch Disagio des im Werth geminderten Metalls. Die Hebung des Silberpreises würde also allerdings durch den Bimetallismus zweifelsohne erreicht werden, aber damit ist eben das Functioniren des bimetallistischen Systems noch lange nicht garantirt.

Die früheren Währungsenqueten und sogar noch die Silbercommission von 1894 haben das Hauptgewicht immer auf die Frage der Hebung des Silberwerths gelegt. Das verschiebt die Frage und bringt sie auf ein Terrain, in dem die Bimetallisten im Recht sind. So kommt noch die englische Währungsenquete von 1888 zu dem in der Erklärung wiedergegebenen Resultat:

> *„Wir glauben, dass, wenn in allen diesen Ländern (Grossbritannien, Verein. Staaten, Deutschland, Latein. Union) Gold und Silber frei ausgemünzt werden könnten und so gegen Waaren nach dem bestimmten Werthverhältniss auszutauschen wären, der Marktwerth des Silbers, nach Gold gemessen, sich diesem Werthverhältnisse anschliessen und sich nicht in irgend welcher wesentlichen Ausdehnung verändern würde.“*

Gewiss! Der Marktpreis des Silbers würde nicht unter den Münzpreis hinunter gehen. Aber der Marktpreis des Goldes — würde er nicht steigen? — Das ist die Frage!

Die Bimetallisten glaubten nun in ihrer Erklärung drei Einwänden von der Goldwährungsseite von vornherein begegnen zu müssen:

1. dem Einwand, dass der Bimetallismus ohne Schädigung der Gläubiger nur zum heutigen Marktpreis durchgeführt werden könnte,
2. dem Einwand, dass das Werthverhältniss zweier „Waaren“, wie Gold und Silber, durch das Gesetz nicht „fixirt“ werden könne,

3. dem Einwand, dass die Wiederherstellung des Silbers als Münzmetall eine unübersehbare Krisis für Deutschland hervorrufen würde.

Die Erklärung schliesst dann mit Ausführungen über die Productionsverhältnisse der Edelmetalle und ihre Zukunftsaussichten.

Diesen Theil der bimetallistischen Erklärung in seinem ganzen Umfange hier im Text wiederzugeben, ist wegen seiner Länge leider nicht möglich, ich muss deshalb auf den Anhang verweisen, in welchem die ganze Erklärung zum Abdruck gebracht ist und den ich vor den folgenden Ausführungen zu lesen bitte.

Beschäftigen wir uns nun einmal mit den drei Einwänden.

Bimetallistischerseits wird gegen den ersten Einwand replicirt, dass der heutige Marktpreis ein durch Fehler der Gesetzgebung hervorgerufener, anormaler sei und dass den Gläubigern kein natürliches Recht zuerkannt werden kann, durch die Steigerung der Kaufkraft des Goldes sich auf Kosten der Schuldner zu bereichern.

Eine Steigerung des Goldwerths als gegeben vorausgesetzt, wäre das vielleicht nicht so ganz unrichtig; aber richtig oder nicht, die Frage ist für Deutschland garnicht so wichtig, weil bei uns das Silber sowieso zu seinem früheren Nominalgoldwerth circulirt, eine Wiederherstellung des Silberpreises unsere Silbercirculation also garnicht berühren würde. Treffen thäte diese Wiederherstellung nur die Länder mit Silberwährung, deren Valuta mit dem Preise des Silbers entwerthet war und jetzt mit dem Preise des Silbers in die Höhe schnellen würde, also etwa China und Mexico. Für diese Länder würde eine plötzliche Werthsteigerung ihres Geldes um das anderthalbfache eine Umwälzung bedeuten, die auf ihre Exportindustrie für eine grössere Uebergangszeit ruinös wirken müsste.

Was den zweiten Einwand betrifft, dass das Werthverhältniss zweier Waaren, wie Gold und Silber, nicht gesetzlich fixirt werden kann, so habe ich mich darüber bereits oben unter Nr. 5 eingehend geäussert und kann deshalb sofort zur dritten Einwendung übergehen, die zusammen mit den Ausführungen über die Productionsverhältnisse den Schluss des Ganzen bildet.

Und da glaube ich — mit den Bimetallisten — nicht, dass die Einführung der Doppelwährung alsbald zur Inflation und damit zu einer grossen Krisis für Deutschland führen müsste, wie ich das ja oben unter Nr. 1 ausgeführt habe. Ich glaube nur, dass die Gestaltung der Marktverhältnisse sehr bald den ganzen Bimetallismus aus dem Sattel werfen und eine Verschlechterung unserer Währung zur schliesslichen Folge haben würde.

Die bimetallistischen Ausführungen über die Productionsverhältnisse, die nun folgen, sind durchweg angreifbar und, wie schon Eingangs erwähnt, durch die Erfahrungen seit 1894 zum Theil widerlegt.

Was zunächst die Frage der Entwicklung der Silberproduction betrifft, so hat diese, um es zu wiederholen, nicht abgenommen, sondern, trotz eines Silberpreises von etwa nur 25 d sich von ca. 5 Millionen auf beinahe 6 Millionen Kilo Jahresproduction seit 1894 gehoben. Alle früheren Taxirungen, wie die Silberproduction sich nach Einführung des Bimetallismus stellen würde, bedürfen daher einer Remedur, selbst wenn man den Bimetallisten concedirt, dass die Production in Mexico und Bolivia sich vielleicht nicht wesentlich erhöhen würde.

Bezüglich der Entwerthung des Silbers in den Silberländern liegt die Sache so, dass ihre Silbervaluta in der That von der Entwerthung des Silbers erreicht ist. Die Untersuchungen von Atkinson, Arnd und Wernicke lassen für Indien, die Wernicke's für Japan keinen Zweifel, dass sich in diesen Ländern eine Preiserhöhung vollzogen hat, die dem gesunkenen Weltmarktpreis von Silber Rechnung trägt.

Dass die jährliche Production von Silber nur einen geringen Procentsatz des Edelmetallbestandes der Welt bildet, ist ja richtig, aber ein Gemeinplatz, aus dem keinerlei Schlüsse gezogen werden können, wie die Erklärung es will.

Die Prognose schliesslich bezüglich der Steigerungsfähigkeit des industriellen Verbrauchs dürfte sich kaum als richtig erweisen; der industrielle Edelmetallverbrauch hat in den letzten Jahren der Industrieblüthe keine oder nur eine ganz unwesentliche Steigerung erfahren.

Wie die Entwicklung der Silberproduction sich weiterhin gestalten wird, ist schwer zu beurtheilen, weil es von vielen Factoren abhängt, die sich kaum bezeichnen lassen.

Es ist richtig, dass die starke australische Silberproduction nur eine vorübergehende Erscheinung ist, dass ihr Ende so nahe bevorsteht, wie die Erklärung meint, ist aber wohl Optimismus.

Die Silberproduction der Vereinigten Staaten geht zurück, aber auch hier giebt die Erklärung mit dem Worte „rapid“ der Entwicklung wiederum ein schnelleres Tempo, als es der Wirklichkeit entspricht. Eine dauernd starke Silberproduction, auch das ist den Bimetallisten zuzugeben, ist wohl im Wesentlichen nur in Mexico und Südamerika zu erwarten, aber die Bedeutung dieser Production wird von den Bimetallisten eben unterschätzt.

Wenn es dann nach der Erklärung wieder einmal „feststeht“, dass die Silberentwerthung nicht durch die Produktionsvermehrung, sondern „lediglich“ auf Massnahmen der Gesetzgeber gegen das Silber zurückzuführen ist, so haben wir es hier wieder mit der unwissenschaftlichen, bimetallistischen Argumentationsweise zu thun, die sich aus der ganzen Fülle der bestimmenden Preisfactoren einen als Sündenbock aussucht und dann sagt: der ist allein dran schuld! Das ist Volksversammlungsstyl, aber nicht wissenschaftliche Schreibweise. Wie man gegenüber der Steigerung der Silberproduction von etwa 1 Million kg im Durchschnitt der 60er Jahre bis auf 6 Millionen gegenwärtig hartnäckig bei der Ansicht verharren kann, die Productionssteigerung habe überhaupt nichts mit der Silberentwerthung zu thun, ist mir unverständlich und es ist das ebenso unwissenschaftlich wie die entgegengesetzte Behauptung, die Gesetzgebung habe an der Entwerthung gar keinen Antheil.

Die Ausführungen über die Zukunft der Goldproduction, mit denen wir nun zum Schluss der Erklärung und dieser Schrift kommen, stützen sich, wie die Erklärung selbst besagt, auf die Süss'sche Theorie, nach welcher der Gangbergbau in der Goldproduction keine Zukunft hat, die Goldwäschen aber schnell aufgebraucht werden. Nun lese man einmal die Süss'sche „Zukunft des Goldes“ mit ihren apodiktischen Prophezeiungen und versuche damit die Entwicklung in Einklang zu bringen, welche die Goldproduktion genommen hat. Süss hat ja später und vor Allem auch in der Silbercommission seine dortigen Behauptungen zu modificiren und zu interpretiren gesucht, um an der ganz entgegengesetzten Entwicklung der Dinge mit seiner Theorie nicht völlig zu scheitern. Aber alle gewundenen Erklärungen ändern nichts an der Thatsache, dass die heutige grosse Goldproduction zu $^3/_4$ aus dem Gangbergbau gewonnen wird. Dass in etwa 50 Jahren eine Abnahme der heutigen Produktion stattfinden wird, wird garnicht bestritten, nur ziehen die Anhänger der Goldwährung daraus andre Consequenzen als die Bimetallisten. In welcher Weise die Goldwährungssysteme bei Abnahme der Goldproduction auszubauen, ist im ersten Theil der Schrift dargelegt.

Der letzte Trumpf: dass Goldagio nicht zu befürchten sei, und dass diejenigen, welche Goldagio für den Bimetallismus voraussagen, damit zugeben, dass Gold so knapp und theuer ist, dass die Goldwährung wirthschaftlich unmöglich ist, ist oben schon beleuchtet worden. Die Anhänger der Goldwährung prophezeien dem Bimetallismus das Goldagio nicht deshalb, weil die Goldknappheit an sich so gross wäre oder werden wird, sondern deshalb, weil abnehmende Goldproduction und steigende Silberproduction zusammen späterhin unmöglich dahin tendiren können, ein im Gesetze festgelegtes Werthverhältniss zwischen beiden Metallen auch auf dem Markte aufrecht zu erhalten. Sie müssen im Gegentheil fortgesetzt zu einer Aenderung der Marktrelation führen, die auf die gesetzliche Relation nicht ohne Rückwirkung bleiben kann.

Und damit bin ich am Schluss.

Wenn ich das Facit ziehen soll, so ist es das: nicht wir Goldwährungsleute haben den Bimetallismus theoretisch widerlegt, sondern die thatsächliche Entwicklung hat es praktisch gethan. Und deshalb kann man den Bimetallisten — ich glaube mit Recht — zurufen:

„Lasciate ogni speranza!“

Anhang I.

Auszug aus Tabelle XIII in Biedermann's „Statistik der Edelmetalle".

Im Jahre	Die Indexziffer des Goldes als des Preismessers ist für alle Jahre constant = 100		Die Indexziffer des Silbers als des Preismessers ist für alle Jahre constant = 100	
	Sämmtliche Artikel Sauerbeck's	Silber Preis von 60,84 d = 100	Sämmtliche Artikel Sauerbeck's	Gold Preis von 15,5. 60,84 d = 100
1871	100	99,7	100	100
1872	109	99,2	110	101
1873	111	97,4	114	103
1874	102	95,8	107	104
1875	96	93,3	103	107
1876	95	86,7	109	115
1877	94	90,2	104	110,5
1878	87	86,4	100	115,5
1879	83	84,2	99	118,5
1880	88	85,9	102	116
1881	85	85,0	100	117,5
1882	84	84,9	99	117,5
1883	82	83,1	99	120
1884	76	83,3	91	120
1885	72	79,9	90	125
1886	69	74,6	93	134
1887	68	73,3	92	136
1888	71	70,4	100	142
1889	72	70,2	102	142
1890	72	78,4	92	127,5
1891	72	74,1	98	135
1892	68	65,4	104	152,5
1893	68	58,6	116	171
1894	63	47,6	133	210
1895	62	49,1	126	204

Anhang II.

Erklärung.

Die unterzeichneten Mitglieder der deutschen Silber-Commission glauben aus dem Gange der Verhandlungen die nachstehenden Schlussfolgerungen ziehen zu müssen:

I. Wir erachten es durch Wissenschaft und Praxis und theilweise sogar durch die Zugeständnisse hervorragender Anhänger der Goldwährung als erwiesen, dass die Kaufkraft des Goldes den Waaren gegenüber seit der Verallgemeinerung der Goldwährung (1873) gestiegen ist, heut noch steigt und fortfahren muss zu steigen.

Unsere Gründe hierfür sind:

1. Die Steigerung der Kaufkraft des Goldes, das ist ein allgemeines Sinken des Preisniveaus für alle Güter, wurde schon vor der Einführung der Goldwährung durch die bekannten Währungsschriftsteller Wolowski und Ernst Seyd 1868 vorhergesagt, denen sich später E. de Laveleye und Carey anschlossen. Herr Dr. Bamberger selbst sagte in der Reichstagssitzung vom 29. März 1873 nach dem stenographischen Bericht: „Im Gegentheil, meine Herren, ich bin darüber mit einem der Redner, die vorausgesprochen haben, ganz einig, dass ein grösserer Goldbedarf in Folge unserer Massregel und der ähnlichen von anderen Ländern genommenen Massregeln eintreten wird; dann wird das Gold steigen und eine Folge unserer Münzreform wird sein, dass die Preise bei uns, wenn wir einmal Goldwährung haben, zurückgehen." Robert Giffen, einer der anerkanntesten Autoritäten der englischen Goldwährungspartei, führte 1888 aus: „Wenn die Ereignisse die Prüfsteine der Prophezeiungen sind, so ist sicher nie etwas richtiger vorhergesagt, als die Goldvertheuerung. Dass der Niedergang der Preise in so allgemeinem Umfange, wie wir ihn erleben, auf eine Steigerung der Kaufkraft des Goldes zurückzuführen ist, wird in der Regel — ich möchte fast sagen allgemein — zugegeben."
2. Der Versuch, dieses Sinken des allgemeinen Preisniveaus auf andere, ausserhalb der Währung liegende Ursachen zurückzuführen, etwa auf die Verbilligung und Verbesserung der Kommunikationsmittel, auf die technischen und maschinellen Vervollkommnungen der Gütererzeugung etc., muss aus dem Grunde als gescheitert angesehen werden, weil dieselben Gründe schon in einem zwanzigjährigen Zeitraum vor 1873 in gleicher Stärke vorhanden waren, und gleichwohl vor 1873 ein allmäliges Steigen der Preise aller

Güter zu beobachten war, während seit 1873 — also seit Beginn der Silberentwerthung in Folge der Einführung der deutschen Goldwährung – ein scharfes und dauerndes Sinken aller Preise eintrat.

Ueberdies ist diese Entwickelung in den Silberwährungsländern jetzt besonders stark, ohne dass dort die Preise herabgehen. Gerade dies beweist, dass Silber nicht an sich entwerthet ist, sondern nur im Goldpreis sank, und dass also thatsächlich eine Vertheuerung des Goldes vorliegt.

3. Der hiergegen gemachte Einwand, dass viele Dinge, wie die städtischen Miethen, die Werthpapiere und vor Allem die Arbeitslöhne im Preise gestiegen seien, ist nicht stichhaltig, weil hier überall durch besondere, mächtige Factoren die Preisbildung beeinflusst ist. — Städtische Wohnungsmiethen müssen steigen, solange die Entvölkerung des platten Landes durch Zuzug der Bevölkerung in die grösseren Städte eine dauernde Steigerung der Nachfrage nach Wohnungen hervorruft. Werthpapiere steigen entsprechend der gesteigerten Kaufkraft ihrer Zinsen. Das Daniederliegen der Production vermindert die Capitalsnachfrage zu productiven Zwecken und steigert die Nachfrage nach sicher verzinslichen Werthen. — Die Löhne steigen mit den gestiegenen Lebenserfordernissen aller Bevölkerungsklassen, deren volle Befriedigung lediglich durch die schlechte wirthschaftliche Lage der wirthschaftlichen Unternehmer aufgehalten wird. Die hieraus entspringende sociale Gährung ist zum grossen Theil eine Folge des wirthschaftlichen Drucks der Währungsmissstände auf das gesammte Erwerbsleben.

II. Die unserer Meinung nach unwiderleglich nachgewiesene, durch die Aechtung des Silbers und die Goldwährung hervorgerufene Steigerung der Kaufkraft des Goldes hat erwiesenermassen folgende wirthschaftliche Uebelstände hervorgerufen:

1. Eine sich stetig und dauernd vermehrende Belastung des Schuldners zu Gunsten des Gläubigers. Erzbischof Walsh von Dublin bemerkt hierzu: „Ein grosser Theil des im Geschäftsverkehr angelegten Capitals unseres Landes ist in die Hände der Pfand- und Hypothekengläubiger übergegangen, welche „weder arbeiteten noch spannen". Die Entmuthigung, welche diese Lage der Dinge hervorbringt, ist eine sehr tiefe. Nachdem sie schon mehrere Jahre angedauert hat, bemächtigt sich der gesammten Geschäftswelt ein Gefühl der Hoffnungslosigkeit, jede Unternehmungslust kommt zum Stillstand, eine Menge Betriebe werden eingestellt, der Arbeiter wird aus seiner Beschäftigung herausgedrängt und sowohl die Arbeiter wie der bescheidene Mittelstand fühlen es, dass ein grosses Unglück über sie gekommen ist. Und dasselbe reicht in der That auch noch höher hinauf, eine Menge von Leuten, die einst wohlhabende Geschäftsleute waren, sind heute Almosenempfänger geworden."

2. Schliesslich muss diese Schädigung des Schuldners eine so weitgehende werden, dass auch der Gläubiger in Mitleidenschaft gezogen wird, indem der Schuldner zahlungsunfähig wird.
3. Einen Rückgang der deutschen Landwirthschaft, welcher einerseits zurückzuführen ist auf die Nothwendigkeit, zur Bezahlung der Arbeitslöhne, Zinsen, Renten, Pachten, Steuern, eine stetig anwachsende Menge ländlicher, im Werthe gesunkener Producte verkaufen zu müssen, andererseits herrührt von der gesteigerten Concurrenzfähigkeit des Auslandes, namentlich der Silberländer und der Länder mit unterwerthigen Valuten. Diese vermögen, entsprechend dem Preisfall des Silbers und der Unterwerthigkeit ihrer Valuten gegenüber dem vertheuerten Golde, ihre ländlichen Producte mit einer hohen Exportprämie zu Preisen auf den Weltmarkt zu werfen, welche tief unter den Productionskosten der deutschen Landwirthschaft stehen und diese in die jetzige Nothlage brachten.
4. Eine immer bemerkbarer werdende Schädigung der deutschen Industrie:
   a) wegen der stetig sinkenden Kaufkraft der Landwirthschaft für industrielle Erzeugnisse;
   b) wegen des Zurückgehens des Exportes nach den Silberländern und des hierdurch veranlassten Rückstaues der bisher dorthin exportirten Fabrikate auf den heimischen Markt;
   c) wegen der Concurrenz der sich in Silberländern, unter der Begünstigung der in Silber zu zahlenden niedrigen Productionskosten und der durch die Unterwerthigkeit des Silbers herbeigeführten Exportprämie sich schnell entwickelnden industriellen Anlagen.

   In kurzer Zeit werden, wenn nicht Massnahmen ergriffen werden, die industriellen Erzeugnisse der Silberländer den deutschen Markt aufsuchen. Indisches Garn rentirt bereits den Import nach Deutschland.
5. Eine Herabdrückung der Unternehmungslust ist die natürliche Folge sinkender Preise. Statt zu volkswirthschaftlich nützlichen Anlagen, wie Kanälen, Eisenbahnen, Fabriken, Rhedereien, verwendet zu werden, sucht das Capital sicher verzinsliche Werthe auf. Daher Rückgang des Zinsfusses und, um höheren Zins zu erlangen, Ankauf unsicherer ausländischer Werthpapiere mit schweren Verlusten für das deutsche Capital, namentlich der kleinen Sparer.
6. Das Capital kann sich weder dauernd den Schädigungen entziehen, welche die Schuldner treffen, noch unberührt bleiben von dem Rückgang der Production. Die in Gold eingegangenen Verpflichtungen führen zum Bankerott der Einzelnen wie der Staaten (Griechenland, Portugal, Argentinien).
7. Es tritt eine immer grössere Erschwerung der in finanziellen Bedrängnissen sich befindenden Länder ein, welche Goldschulden zu bezahlen haben, zu einer Ordnung ihrer Finanzen zu gelangen,

statt dessen ein steigendes Goldagio, und entsprechend wieder eine Vergrösserung der Exportprämie für ihre Producte zum Schaden der Industrie und der Landwirthschaft der Goldwährungsländer.

8. Es erfolgt eine dauernde Schädigung und ein Erliegen des deutschen Silberbergbaues, der bei den jetzigen Silberpreisen nicht aufrecht erhalten werden kann. Damit aber hört zugleich die Erzeugung von Kupfer, Blei, Zink etc. überwiegend auf. Viele Millionen jährlich gehen dem deutschen Nationaleinkommen verloren, viele Tausende von Arbeitern werden brotlos, ganze Bezirke Deutschlands sind ruinirt.

9. Eine sich nach Milliarden berechnende Entwerthung des Grund und Bodens tritt ein und bedroht namentlich die landwirthschaftlichen Kreise der östlichen Provinzen, während die grossen Städte und Industriecentren in ungesunder Weise anwachsen. Eine steigende Unzufriedenheit bemächtigt sich der Bevölkerung, wie sie in dem Anwachsen der Socialdemokratie und der schon von E. de Laveleye als Folge der Goldwährung vorhergesagten antisemitischen Bewegung zu Tage tritt.

10. Die Entvölkerung des platten Landes bedeutet eine Schwächung der deutschen Wehrkraft. Für den Kriegsfall sind unsere finanziellen Vorbereitungen ganz ungenügende. Dass dies in allen anderen Ländern mindestens ebenso der Fall, ist keine Beruhigung.

11. Unser Geldumlauf ist durch die Silberentwerthung schwer gefährdet. An Thalern, Silberscheidemünzen, Nickel- und Kupfergeld ist nahezu eine Milliarde im Umlauf, deren innerer Werth 400 Millionen Mark wenig übersteigt. Hieraus entsteht die doppelte Gefahr einer Zerrüttung des Geldwesens in kritischen Zeiten und betrügerischer Nachprägungen von vollhaltigen Silbermünzen, welche von den staatlich geprägten nicht unterschieden werden können und bei der jetzigen Silberentwerthung einen riesigen Gewinn lassen. Umfangreiche Falschprägungen sind im Auslande bereits festgestellt.

12. Alle diese Uebelstände führen zeitweise zu Krisen, welche Störungen des Handels durch Disconterhöhungen zum Schutze des Goldes herbeiführen, das alle Banken ängstlich hüten und grossentheils durch Einsperrung dem Verkehr entziehen.

13. Eine weitere Verschärfung aller dieser Uebelstände ist unbedingt zu erwarten, da jedes Land den Versuch machen muss, zur Goldwährung zu gelangen, wenn Deutschland und die übrigen Grossmächte an der Goldwährung festhalten. Der moderne Verkehr kann dauernd die Währungsunterschiede, die Trennung der Welt in Gold- und in Silberländer nicht ertragen. Jede weitere Ausbreitung der Goldwährung aber, das hat Göschen bereits 1878 voraus gesagt, muss zu einer Wirthschaftskrisis führen, wie sie die Welt noch nicht erlebt hat.

III. Demgegenüber kann nur die Wiedereinsetzung des Silbers als gleichberechtigtes Münzmetall neben dem Golde Abhülfe bringen.

Hiervon versprechen wir uns folgende wohlthätige Folgen:

1. Dem anhaltenden Fallen aller Preise würde Einhalt gethan werden, die Preisbildung für alle Producte würde wieder unter normalen Verhältnissen sich vollziehen, Landwirthschaft und Industrie würden einen neuen Aufschwung erfahren.

   Die Befürchtungen bezüglich Geldentwerthung, Inflation, Schädigung der Gläubiger beruhen auf Uebertreibungen. Der Ueberschuss der Gold- und Silberproduction über den industriellen Bedarf u. s. w. ist bei internationaler Doppelwährung gegenüber dem gestiegenen Verkehr, der gewachsenen Bevölkerung, dem Anschluss immer weiterer Ländergebiete an die Kulturwelt höchstens den Bedarf deckend und verhältnissmässig erheblich niedriger, als die Edelmetallausbeute der fünfziger und sechziger Jahre, welche damals wirthschaftlich segensreich und keineswegs schädigend einwirkte.

2. Bei steigenden Preisen steigt die Unternehmungslust und damit der Zinsfuss, wodurch dem Capital ein Vortheil erwächst, welcher eine etwaige Verminderung der Kaufkraft des Geldes ausgleicht. Die Staatseinnahmen wachsen und erlauben Erhöhung der Beamtengehälter. Der allgemeine Aufschwung vermehrt die Arbeitsnachfrage und verbessert die Lage der arbeitenden Klassen.

3. Den Ländern mit unterwerthiger Valuta würde durch die Möglichkeit, ihr Papiergeld auch mit Silber zu decken, ihre Zinsen auch in Silber zu zahlen, die Ordnung ihrer Finanzen erleichtert oder überhaupt erst ermöglicht. Die Valutaschwankungen würden Handel und Industrie nicht länger schädigen, ein lebhafter Export deutscher Industrieerzeugnisse nach den Silberländern (Ostasien, Mexico, Südamerika) würde sich entwickeln und gleichzeitig würde die Kaufkraft der heimischen landwirthschaftlichen Bevölkerung wieder hergestellt.

4. In einer Periode des allgemeinen Aufschwungs würde die agitatorische, agrarische, antisemitische und socialdemokratische Bewegung ihre Bedeutung einbüssen und die zunehmende Verschärfung der inneren politischen Gegensätze aufhören.

5. An Stelle des jetzt thatsächlichen doppelten Werthmessers im Weltverkehr (Einzelwährungen in Gold oder Silber in den verschiedenen Ländern) würde ein einheitlicher Werthmesser treten indem Gold und Silber durch die Festlegung des Werthverhältnisses zu einer Einheit zusammenwüchsen. Dass diese Festlegung des Werthverhältnisses thatsächlich möglich ist, beweist die Geschichte, denn es hat 1803 bis 1873 durch die französische Doppelwährung bestanden. Dass es möglich ist, durch internationale Vereinbarung der Haupthandelsvölker ein praktisch unveränderliches Werthverhältniss zwischen Silber und Gold einzurichten,

hat nach langer Untersuchung die in England eingesetzte Währungs-Enquete 1888 einstimmig anerkannt.

Die Einwände gegen diese unsere Meinung erscheinen uns nicht ausreichend begründet:

1. Wenn eingeworfen wird, dass eine Wiederherstellung des Silbers zum Münzmetall nur dann möglich sei oder nur dann ohne Schädigung der Gläubiger durchführbar wäre, wenn sie zu dem heutigen Marktpreis des Silbers erfolgte, so entgegnen wir, dass dieser heutige Marktpreis ein anormaler ist, weil er das Ergebniss einer Reihe durch die Gesetzgebung hervorgerufener Paniken und einer nur durch Schliessung der Münzstätten künstlich beschränkten Silbernachfrage ist. Ueberdies kann dem Gläubiger kein natürliches Recht zuerkannt werden, durch die stetige Steigerung der Kaufkraft des Goldes auf Kosten des Schuldners anhaltend mehr zu erhalten, als ihm ohne die Steigerung der Kaufkraft des Goldes billigerweise zustände.

2. Gegen den Einwurf, dass das Werthverhältniss zweier „Waaren", wie Gold und Silber, durch das Gesetz nicht „fixirt" werden könne, der auf missverstandenen Theorien beruht, berufen wir uns auf die thatsächlichen Erfahrungen der französischen Doppelwährung, welche 1803 bis 1873 der ganzen Welt das Werthverhältniss von 1 : 15,5 verschaffte, das trotz der grössten jemals erlebten Veränderungen der Gold- und der Silberproduction in Geltung blieb und nur Abweichungen aufweist, wie sie den üblichen Schwankungen der Wechselkurse entsprechen.

   Wir berufen uns ferner auf das einstimmige Urtheil, zu welchem die englische Währungs-Enquete 1888 gelangte, obwohl die Hälfte ihrer Mitglieder Gegner des Bimetallismus waren. Dieses lautet:

   > „Wir glauben, dass unter angemessenen Bedingungen, deren Erwägung der Zukunft vorbehalten bleiben müsste, so weit wir solche aus der Erfahrung der Vergangenheit vorher zu bestimmen vermögen, ein festes Werthverhältniss aufrecht erhalten werden könnte, wenn die von uns angeführten Nationen (Grossbritannien, die Vereinigten Staaten, Deutschland und die lateinische Union) den Bimetallismus annehmen und bei dem angenommenen Werthverhältnisse streng beharren würden.
   >
   > Wir glauben, dass, wenn in allen diesen Ländern Gold und Silber frei ausgemünzt werden könnten und so gegen Waaren nach dem bestimmten Werthverhältnisse auszutauschen wären, der Marktwerth des Silbers nach Gold gemessen sich diesem Werthverhältnisse anschliessen und sich nicht in irgend welcher wesentlichen Ausdehnung verändern würde.
   >
   > Wir brauchen nicht auf eine ausführliche Erklärung unserer Gründe für diese Ansicht uns einzulassen, da diese

dem entnommen werden können, was wir schon dargelegt haben, und da sie unserer Meinung nach ebensowohl aus theoretischen Erwägungen als aus der Erfahrung des letzten halben Jahrhunderts zu folgen scheinen.

Es scheint in der That unmöglich, irgend eine andere Ansicht aufrecht zu erhalten."

3. Wenn eingewendet wird, die Wiederherstellung des Silbers als Münzmetall würde eine unübersehbare Krisis für Deutschland hervorrufen, so muss zunächst darauf hingewiesen werden, dass wir nur auf Grund internationaler Vereinbarung irgend welche Massregeln zu Gunsten des Silbers anstreben. In diesem Fall aber kann irgend welches Misstrauen gegen den von allen grossen Nationen gleichzeitig eingeführten Bimetallismus nicht hervortreten.

Ueberdies ist die Furcht vor einer „Ueberfluthung" mit Silber eine völlig unbegründete

a) weil nicht eine Zunahme, sondern eine Abnahme der Silberproduction gegenwärtig in Aussicht steht;
b) weil das Silber in den Silberländern (Ostasien, Mexico) und im Münzumlauf der Goldwährungsstaaten von der Entwerthung noch nicht erreicht ist. Die Milliarden, welche als Thaler, Mark, Francs, Shilling, Gulden circuliren, halten noch den alten Werth fest;
c) gegenüber den gewaltigen Edelmetallbeständen der Welt, die einschliesslich des verarbeiteten Gold und Silbers auf 100 000 Millionen Francs geschätzt werden, ist die jährliche Production eine ganz verschwindend geringe;
d) die schwere bestehende Krisis hat naturgemäss die Anforderungen des Verkehrs an Münze und Gold- und Silbergeräth eingeschränkt, in einer Aufschwungsperiode wird der Bedarf erheblich steigen.

Insbesondere aber erscheint uns im Hinblick auf die Productionsverhältnisse der Edelmetalle die schleunige Durchführung der internationalen Doppelwährung nothwendig.

Die Vernehmung von sachverständigen Geologen hat uns in unserer Anschauung bestärkt, dass Gold sich nicht zum alleinigen Werthmesser eignet und dass die Befürchtungen vor übermässiger Silberproduction durchaus ungerechtfertigt sind.

Die Sachverständigen haben übereinstimmend erklärt:

a) dass die starke australische Silberproduction eine vorübergehende Erscheinung ist, deren Ende nahe bevorsteht;
b) dass in den Vereinigten Staaten die Silberproduction gegenwärtig rapid zurückgeht, nicht nur wegen des Preissturzes, sondern auch wegen Erschöpfung der Bonanzas und der zur Verhüttung nöthigen Carbonat-Erze;

c) dass eine dauernd starke Silberproduction nur in Mexico und Süd-Amerika in Aussicht steht, wo wegen der dort herrschenden Silberwährung der Silberpreis auf die Productionsverhältnisse unserer Meinung nach nicht einwirkt.

Entgegen der landläufigen Ansicht, dass die Silberentwerthung durch die Productionsvermehrung hervorgerufen sei, steht fest, dass die Silberentwerthung lediglich auf Massnahmen der Gesetzgeber gegen das Silber zurückzuführen ist, dass die Silberproduction bei Beginn der Entwerthung umgekehrt den Bedarf an Silber noch nicht einmal deckte und dass die Entwerthung des Silbers und die amerikanischen Silbergesetze zu einem Raubbau an Silber führten und die Hauptursache der Productionssteigerung wurden. Eine stabile, dem grossen Bedarf an Silber gegenüber aber kaum ausreichende Silberproduction ist nach Rückkehr normaler Zustände vorauszusehen.

Die Goldproduction ist in letzter Zeit erheblich gestiegen, ohne dass sie je, solange Gold alleiniges Geld ist, dem Bedarf gleichkommen kann. Sollten die Staaten schliesslich zur Beseitigung des sich immer mehr entwerthenden Silbergeldes schreiten müssen, so ist für diese vielen Milliarden Silber Ersatz unmöglich aufzutreiben.

Die Goldproduction kann aber die jetzige Höhe nicht behaupten. Je stärker und intensiver die Goldausbeute betrieben wird, um so schneller und gründlicher die Erschöpfung. Die Richtigkeit der Lehren des Professor Ed Suess über die bevorstehende Erschöpfung der Goldproduction ist nicht erschüttert, sondern bestätigt, und Suess hat vor der Commission seine Anschauungen nur verstärkt, indem er erklärte, dass die jetzige starke Goldproduction den Zeitpunkt, welchen er für die Erschöpfung der Goldproduction annahm, wesentlich näher rückte.

In Transvaal handelt es sich nach mikroskopischen Untersuchungen um fossile Seifen. Der dortige Goldreichthum ist also keine Widerlegung, sondern eine Bestätigung der Suess'schen Lehre, dass nur in neu erschlossenen Ländern bedeutende Goldschätze zu finden sind, die dann schnell abgebaut werden.

Wenn demgegenüber auf die Möglichkeit weiterer „Ueberraschungen" bezüglich der Goldproduction hingewiesen wurde, so vermindert sich diese Möglichkeit mit der rastlos fortschreitenden Erforschung der Erdoberfläche immer mehr.

Die heutige Goldproduction, unzureichend wie sie ist, räumt die letzten grossen Goldreserven schnell auf. Das Währungssystem der Welt auf eine Production aufbauen, die höchstens nach Jahrzehnten rechnen kann, ist ebenso unmöglich, wie eine Währung, die auf „Ueberraschungen" basirt ist.

Eine voraussehende Staatskunst darf nicht das Silber diskreditiren und entwerthen lassen, wenn alle menschliche Voraussicht dafür spricht, dass die Zukunft es unbedingt nöthig hat.

Gerade der jetzige Zeitpunkt einer vielleicht letzten Zunahme der Goldproduction ist geeignet, die internationale Doppelwährung ohne alle Befürchtung, dass Gold aus dem Verkehr verschwinden oder Agio erzielen könnte, durchzuführen. Diejenigen, welche Goldagio für den Bimetallismus vorausverkünden, übersehen, dass sie damit zugeben, dass Gold so knapp und theuer ist, dass die Goldwährung wirthschaftlich unmöglich wäre.

Wenn aber die verbündeten deutschen Regierungen die Nothwendigkeit anerkennen, Massregeln zur Beseitigung der Silberentwerthung anzubahnen, so entspricht es der Machtstellung Deutschlands, dass es die Initiative zu internationalen Verhandlungen ergreift und seinen Einfluss im Rathe der Völker zu Gunsten des Silbers einsetzt, dessen Entwerthung mit dem deutschen Münzgesetz von 1871 seinen Anfang genommen hat. Nach Lage der Dinge wird Deutschland auf das Mitthun aller wichtigen Staaten, auch Englands, rechnen dürfen.

Dr. Arendt. von Kardorff-Wabnitz. Leuschner.
von Schalscha. Wülfing.

Dieser Erklärung schliesse ich mich mit der Bemerkung an, dass ich bezüglich der Frage der deutschen Initiative zu internationalen Verhandlungen sowohl, als bezüglich der Frage, ob England sich für den internationalen Bimetallismus erklären muss, meinen Standpunkt in den Debatten klargelegt habe.

Neustadt.

Anhang III.

I. Die Nummern des Economist vom 13. Januar und 17. Februar 1900, welche bei der Abfassung der vorstehenden Schrift noch nicht benutzt werden konnten, bringen zu dem Punkt Textilindustrie und Währungsfrage (No. 4b der bimetallistischen Erklärung) so interessante Daten, welche die Zahlen der im Text mitgetheilten deutschen Statistik bestätigen, dass ich nicht unterlassen will, sie hier nachträglich noch zur Kenntniss zu bringen.

Das Jahr 1899 war nach dem Economist in der Baumwollenindustrie vielleicht das Einträglichste in den ganzen letzten 20 Jahren. Die engliche Ausfuhr an Garnen nahm allerdings ab, dagegen steigerte sich die Ausfuhr von Zeugen bedeutend und zwar war die Hauptzunahme des Exports nach den Silberländern China und Indien! Die Gesammtausfuhr von Zeugen stieg

von Yards 5 216 053 900 i. J. 1898
auf „ 5 440 551 600 i. J. 1899.

Die Ausfuhr nach Indien stieg

von Yards 2 246 049 300 i. J. 1898
auf „ 2 319 677 000 i. J. 1899,

also um ca. 73 Millionen Yards! und stellt ungefähr 43 Procent der englischen Gesammtausfuhr an Baumwollenzeugen dar.

Die Ausfuhr nach China zeigt die demnächst grösste Zunahme von 67 700 000 Yards.

Dagegen hat z. B. die Ausfuhr nach den Goldwährungsländern Japan und Deutschland abgenommen.

Die gleiche Erscheinung findet sich im Baumwollexport der Vereinigten Staaten. Derselbe nahm zu von 1898 auf 1899 um 88 594 190 Yards, davon entfallen

71 544 000 Yards auf den Export nach dem Silberland China; wie das mit der bimetallistischen Theorie zu vereinigen ist, mögen die Bimetallisten mit sich selbst ausmachen.

Um nochmals auf England zurückzugreifen, so geht es auch den Spinnereien von Lancashire und Oldham wieder sehr gut. Im Oldhamer District zeigten freilich in den Jahren 1892 und 1893 die Gesellschaften einen Verlust von Pfd. Sterl. 94 860 bezw. 60 478.

Daraufhin prognosticirte Wülfing in der Silbercommission bereits das Ende der englischen Baumwollspinnerei. Für 1899 weisen die Gesellschaften des Districts von Oldham einen Gewinn auf von

Pfd. Sterl. 330 156!

Die Zahlen reden für sich selbst.

II. Das Februarheft von Bankers Magazine 1900 enthält auf Seite 206 folgende Tabelle von Sauerbeck:

	1878 — 1887	1889 — 1898	1898	1899	Last Year
	Average	Average	December	December	per Cent
Vegetable food (corn etc) .	79	62	62,4	58,7	fall 6
Animal food (meat & butter)	95	80	76,9	78,9	rise 3
Sugar, coffee and tea . . .	76	65	52,5	53,7	„ 2
Minerals	73	69	75,7	98,3	„ 30
Textiles.	71	57	49,9	71,2	„ 43
Sundry	81	66	63,1	68,8	„ 9

Alle Preise steigen 1899 mit Ausnahme der Kornpreise!! Hat etwa, nach bimetallistischer Logik, die Goldentwerthung begonnen? Und wie erklären die Bimetallisten die zwiespältige Tendenz der Preisbewegung?

Literaturverzeichniss.

Arendt, O.: „Das goldene Zeitalter Ludwig Bamberger's", eine Währungsschrift aus dem 20. Jahrhundert. 1893.
Arndt: „Die Kaufkraft der Rupie" (Zeitschrift für die gesammte Staatswissenschaft 1898).
v. Brandt: „Der Währungs- und Wahlkampf in den Vereinigten Staaten von Amerika".
Conrad: „Agrarstatistische Untersuchungen" (Jahrbücher für Nationalöconomie 1898).
— Artikel „Agrarkrisis" im Handwörterbuch der Staatswissenschaften.
Economist, diverse Jahrgänge.
Elstätter: „Indiens Silberwährung". 1894.
Helfferich: „Beiträge zur Geschichte der deutschen Geldreform 1898".
— „Währung und Landwirthschaft".
— „Aussenhandel und Valutaschwankungen" (Schmoller's Jahrbuch 1897).
— „Der Argentinische Währungsweizen" (Nation 1895).
Hertzka: „Goldwährung mit Papierumlauf". 1895.
Heyn: „Papierwährung mit Goldreserve für den Auslandverkehr".
Lotz: „Die Ergebnisse der deutschen Silberenquete". 1895.
Kantorowicz: „Rubelkurs und russische Getreideausfuhr". 1896.
Lexis: „Der gegenwärtige Stand der Währungsfrage". 1895.
— Erklärung in Nr. 26 der Drucksachen der Silbercommission. 1894.
— „Geldwerth und Quantitätstheorie" (Zukunft 1895).
Meyer: „Ueber die Schwankungen in dem Bedarf an Handarbeit in der deutschen Landwirthschaft". 1893.
Parnes: „Internationales Papiergeld" (2. Aufl. 1895).
Prager: „Die Währungsfrage in den Vereinigten Staaten von Nordamerika". 1897.
Schippel: „Die Währungsfrage und die Socialdemokratie". 1896.
Schmitz: „Die Finanzen Argentiniens". 1895.
Soetbeer: „Materialien zur Währungsfrage" (2. Aufl. 1885).
Steiger: „Die Silberentwerthung und ihre Bedeutung für die Volkswirthschaft der Gegenwart, zumal für die Schweiz". 1898.
Ströll: Ueber das deutsche Geldwesen im Kriegsfalle" (Schmoller's Jahrbuch 1899).

Süss: „Die Zukunft des Silbers". 1892.
Taussig: „The silver situation in the United States". 1893.
Wagner, A.: „Die neueste Silberkrisis und unser Münzwesen". 1894.
Wernicke: „Japan und die Silberentwerthung". 1896.
— „Indien und die Silberentwerthung". 1897. (Jahrbücher für National-öconomie.)
Wilmanns: „Die Goldwährung zu Anfang 1898".
Wolff: „Verstaatlichung der Silberproduction und andere Vorschläge zur Währungsfrage".

„*Verhandlungen der Commission* behufs Erörterung von Massregeln zur Hebung und Befestigung des Silberwerths". Band I und II (Drucksachen) 1894.
Statistisches Jahrbuch 1899 und diverse Jahrgänge.
Statistisches Handbuch für den preussischen Staat. 1898.
Statistik der Edelmetalle von Biedermann. 1898.
Report of the Director of the Mint. 1898 und diverse.
Rapport au ministre des finances. 1899 und diverse.
Report of the committee appointed to inquire the Indian currency. 1899.

Handwörterbuch der Staatswissenschaften: Verschiedene Artikel über Währung von Lexis.
Wörterbuch der Volkswirthschaft. 1898. Artikel über Währung von Lotz.
The banker's magazine. 1899. 1900.

Druck von Otto Walter, Berlin S.

FSC
www.fsc.org
MIX
Papier | Fördert
gute Waldnutzung
FSC® C083411

Kolibri 360 GmbH
Ferdinand-Jühlke-Straße 7
99095 Erfurt, Deutschland
produktsicherheit@kolibri360.de